情感与信任关系结构方程模型的建构与验证

游泓 ◎ 著

西南交通大学出版社

·成　都·

图书在版编目（ＣＩＰ）数据

情感与信任关系结构方程模型的建构与验证 / 游泓
著. —成都：西南交通大学出版社，2018.8
ISBN 978-7-5643-6348-2

Ⅰ. ①情… Ⅱ. ①游… Ⅲ. ①理解社会学 – 研究
Ⅳ. ①C912.68

中国版本图书馆 CIP 数据核字（2018）第 189983 号

情感与信任关系结构方程模型的建构与验证

游 泓 著

责 任 编 辑	罗爱林
助 理 编 辑	罗俊亮
封 面 设 计	何东琳设计工作室
	西南交通大学出版社
出 版 发 行	（四川省成都市二环路北一段 111 号
	西南交通大学创新大厦 21 楼）
发行部电话	028-87600564　028-87600533
邮 政 编 码	610031
网 址	http://www.xnjdcbs.com
印 刷	四川煤田地质制图印刷厂
成 品 尺 寸	170 mm × 230 mm
印 张	15.25
字 数	234 千
版 次	2018 年 8 月第 1 版
印 次	2018 年 8 月第 1 次
书 号	ISBN 978-7-5643-6348-2
定 价	65.00 元

前　言// PREFACE

　　信任作为社会、经济和日常生活的一个重要现象，在近几十年来成为社会科学界的一个研究热点。当今对信任的研究呈现出多学科融合的状况。大量研究表明，无论是微观层次的人际信任还是宏观层次的社会信任，将会对社会运转、经济发展与人们生活和谐有序产生极为重要的影响。然而正是由于对大量文献的梳理，我们发现当前信任研究中存在许多问题：一方面，由于大部分实证研究偏爱简单地采用量表化问卷来测量中外社会的信任状况，却在很大程度上忽略了对这种研究方式存在的缺陷进行反思，因而不得不面临实证数据反映的信任态度与信任行为不一致的研究困境；另一方面，信任是一个存在悖论的概念。信任的悖论反映在：信任这个概念永远处于非理性（情感）—理性这个两级系统的某一个位置上。信任现象本身的复杂性与研究时单一理性选择分析的矛盾也日益突出，因此走出当前信任研究的困境急需新的理论和方法。正是循着上述思路，本书在综合考察和评述国内外情感社会学研究状况和研究成果的基础上，确认了情感在信任研究中所扮演的重要角色，着重探讨了从情感角度解释的信任行为的可能性和必要性，并尝试建构了情感与信任关系的模型。结合当代社会学发展的趋势，从微观社会学情感研究的前沿成果的文献回顾可知：情感的定义和测量目前尚未有定论；心理学普遍认为态度包含认知、情感和意向三要素结构，但是对三要素之间关系的探讨较少，尚未有文献对此进行后续跟进讨论和研究，涉及实证测量的更少，可能源于测量的难度问题；学界鲜少从情感视角出发，围绕"情感与信任关系"这一核心信任问题进行认真的思考和研究。这一发现不仅能为进一步的信任研究提供新的视角，还能从情感归因方面为认识和解决当前中国的信任危机问题提供参考和借鉴。

基于此，本书的研究问题主要包括：① 建构信任关系的结构方程模型：探讨情感因素与信任因素在模型中的作用以及相互之间的影响等；② 探讨态度—行为关系结构：态度的构成要素有哪些，这些要素之间的相互关系如何，影响态度预测行为的条件有哪些等；③ 构建信任和情感的测量工具：采取哪些范式，从哪些维度进行测量，选用什么测量指标和题项；④ 系统梳理情感社会学最新研究成果，尝试将这些成果融入当前的信任研究中，提出研究情感与信任关系应该首先解决情感与信任自变量与因变量的关系问题。

本书是探索性研究专著，研究对象是情感与信任关系，以定量研究为主，辅以定性研究。通过对相关文献的回顾，本书提出了信任关系态度结构方程模型与行为的研究假设，模型由信任认知度和信任行为意向组成的信任因素，以及由情感认知度和情感行为意向组成的情感主观状况和由家庭情感关系、学习情感关系组成的情感客观状况等组成。本研究主要通过问卷调查收集数据，调查对象为考研学生群体，调查地点为高校较集中的武汉市。本次调研对参加考研培训的学生群体进行随机抽样，因为这些学生来自不同地区和学校，学历层次也不同，具有较好的代表性。本次调研发放问卷 500 份，回收有效问卷 436 份，根据研究需要，剔除缺失部分，最终进入统计分析的问卷为 384 份，用 SPSS11.0 和 AMOS7.0 进行数据分析。

结合数据分析及相关资料，本研究得出的结论主要包括：

（1）在有关信任实证研究中，发现了信任态度与信任行为的不一致或不对称现象。之所以存在这种现象，主要是由信任的复杂样态决定的。信任态度与信任行为之间存在一种比较复杂的关系，特别容易受测量与研究方法的影响而被扭曲。我们分析并建构了信任关系结构方程模型，确认了情感在信任研究中所扮演的重要角色。

（2）通过对心理学态度与行为关系的理论回顾，建构了信任关系态度模型与信任行为关系模型示意图。确立了信任关系态度模型是由认知、情感和意向三要素构成，以及情感与认知通过行为意向的中介作用于行为的分析路径。

（3）建构了信任关系态度结构方程模型。采用问卷调查的方式收集数据对该模型进行了检验、评价、修正和解释，最后确定了与数据最吻合的分析模型。证实了情感因素在信任关系结构模型中的不可或缺性，同时为下一步对态度—行为关系的分析奠定了基础。

（4）通过分析情感与信任研究的现状，设计出情感与信任关系的测量问卷。运用探索性因素分析和验证性因素分析，揭示出了情感因素的四个维度，并将其分别命名为情感认知度、学习情感关系、家庭情感关系、情感行为意向；揭示出了信任因素的两个维度，并将其分别命名为信任认知度和信任行为意向；并且验证了量表的信度和效度。

（5）信任关系态度结构方程模型包含六个潜变量因素，即信任认知度、学习情感关系、家庭情感关系、情感认知度、信任行为意向和情感行为意向。信任认知度对信任行为意向有直接效应，对情感行为意向没有直接效应；情感认知度对情感行为意向和信任行为意向都有直接效应；学习情感关系对情感行为意向有直接效应，对信任行为意向没有直接效应而是以情感行为意向为中介的间接效应；家庭情感关系对情感行为意向没有直接效应。这些都验证了本研究给出的假设。

（6）在对信任关系态度结构方程模型的人口统计学分析中，我们选取了考研学生群体的性别特点、民族特点、居住地特点、学校层次特点、政治面貌特点五个方面进行了群体比较。从研究结果可以看出，考研群体在五个方面与信任关系态度结构方程模型的数据拟合情形相当良好。不同性别与来自不同层次学校的考研学生群体在测量模型系数上没有显著差异，而不同民族、政治面貌和来自不同居住地的考研学生群体在测量模型系数上有显著差异。

（7）在信任关系态度与行为之间的关系研究中，通过实证分析，行为分为三个类型：外向理智倾向行为、个人冲动倾向行为、内向情感倾向行为。信任关系态度结构模型各个因素对行为三类型的影响为：信任行为意向对所有的行为方式都有预测作用，而且直接效应均为负值，但是对外向理智倾向行为的直接效应为正值，对其他行为的直接效应是负值；情感行为意向虽然对所有的行为方式都有预测作用，而且都有直接效应，但是对外向理智倾向行为和内向情感倾向行为的作用是正值，对个人冲动倾向行为的作用是负值；家庭情感关系对所有因素都有预测作用，而且都有直接效应，但是对外向理智倾向行为的作用是正值，对个人冲动倾向行为和内向情感倾向行为的关系是负值；学习情感关系对所有因素都有预测作用，而且既有直接效应又有间接效应，但是对个人冲动倾向行为的作用是正值，对外向理智倾向行为和内向情感倾向行为的作用是负值；信任认知度和情感主观状态对所有的行为方式都有作用，但都是通过其他因素作为中介起作用的。信任认知度对个人冲动倾向行为和内向情感倾向行为的作用是正值，对外向理智倾向行为的作用是负值；情感主观状态正相反，对外向理智倾向行为的作用是正值，对个人冲动倾向行为和内向情感倾向行为的作用是负值。

尽管作者花费了大量的精力收集资料，所获得数据也基本满足统计分析的需要，但由于一些主、客观条件的限制，本研究的样本量仍是不够大，部分假设无法检验。样本只涉及武汉市的考研学生群体，没有针对大众群体，所做研究也是横截面研究。本次调研的研究结果对同类研究时有一定的参考意义。在今后的研究中，应扩大样本量，应选取更大范围的群体对象，应进行跟踪研究，以继续验证和深化本书的观点。

著　者
2017 年 10 月

目 录 // CONTENTS

绪　论

第一节　研究的背景

当代社会科学家从各自的学科角度出发开展社会信任问题的研究，取得了诸多重要的研究成果。本书通过对信任研究内在理路的回顾与梳理，循着信任问题在研究视野上的若干突破和困境，力图呈现有关信任研究的多学科融合、批判与反思的演进历程。

二十世纪五六十年代，心理学家、社会心理学家开始进行信任研究，他们主要研究了个体信任与人际信任。此领域最早的心理学研究可追溯到1958年美国心理学家多依奇（Deutsch）的著名囚徒困境实验。多依奇从探讨如何解决冲突入手，由人际信任角度得出以下结论：在人际关系中，信任其实是对情境的一种反应，它是由情境刺激决定的个体心理和个人行为，信任双方的信任程度会随着情境的改变而改变。在这里，信任被当作是一个由外界刺激所决定的因变量。多伊奇从行为心理学的角度界定了信任，表明个体是否会信任他人依赖于其对环境刺激的判断，而这种判断可能是一种非理性的风险行为，不一定会导致理性行为的产生。人际信任的实验研究开创了社会心理学信任研究的先河。这种研究影响了以后学者对于信任的研究。在多伊奇之后，豪斯梅尔（Hosmer）就将信任视为个体面临一个预期的损失有可能大于预期收益的不可预料事件时所做出的非理性选择行为。罗特（Rotter）、赖兹曼（Wrightsman）、萨贝尔（Sabel）、莱维斯（Lewis）

和维格尔特（Weigert）等众多的心理学家、社会心理学家都将信任界定为一种心理期望或期待，他们大多将人际信任理解为一种"单向"的人际信任，理解为个人的心理事件、个人的人格特质、个人的行为。他们围绕这个中心进行了大量的试验研究，提出了诸多理论，其中以态度与行为关系理论应用最广泛。由于心理学关注信任的认知内容或行为表现，因而心理学的信任研究是现代信任研究的逻辑起点。但是，如果人们局限于心理学的学术理路而不寻求研究视野上的突破，作为社会问题、文化问题和制度问题的"信任"论题就不可能出现。信任研究走出单纯心理学视野是一个必然的趋势。

20世纪70年代，主流经济学开始关注信任问题。一方面，市场交易范围的扩大、经济国际化、全球化的总体趋势特别是网络经济的出现，日益突显了信任、诚信、信誉、信用在理性选择过程中的重要性；另一方面，用经济学的分析方法理解人类行为，开始成为信任研究的路径之一。新古典经济学从理性选择出发，认为信任实际上是人们为了规避风险、减少交易成本的一种理性算计，强调信任是人们重复博弈的结果。

但是，这里似乎存在一个悖论：既是信任，就无需防范机制；既需防范，正说明缺乏信任。因此，许多经济学家认为，纯经济学意义上的狭义的利益得失计算不能解释信任。[①]

在经济学家眼中，信任行为无疑是很重要的，而且确实存在于经济的各个活动中，并创造了极大的价值。但是，从理性上是无法容纳信任行为存在的。经济学家为了解决这个悖论，将信任他人看作是内化于人天性的东西。威廉姆森的"机会主义"说认为人的天性不仅利己，还会损人。在心理学家看来，这种状况不是绝对的，人们在实际的经济活动中，为了利益的最大化，需要与他人合作，去信任他人，这会使个人态度中增加对他人信任的成分，而不是威廉姆森说的那样。当然，经济学的前提是：人是"理性"[②]的人。

---

① 叶初升，孙永平. 信任问题经济学研究的最新进展与实践启示[J]. 国外社会科学，2005（3）：11.

② 这里的"理性"相对于威廉姆森所言的理性更为广义。

信任概念进入社会学领域是借助哲学与政治学著作作为媒介的①。关系取向是社会学研究信任的特点。二十世纪七十年代以后，卢曼对信任进行了系统研究，从行为层面为信任研究注入了活力，他认为信任在减少社会交往复杂性方面具有重要的社会功能。从卢曼开始，社会学者对信任的内涵进行了讨论。在此基础上，学者们开始注意对信任进行区分，视线已经深入信任产生过程中起作用的不同因素之上。社会学超越了心理的和人际关系的层面，突显了其中制度性因素的重要作用。从非正式的习俗、道德到正式的法律、规定，这些制度性因素通过其内化于社会成员后形成的约束力量来增进社会信任度，于是社会制度就拥有了作为信任的保障机制和作为信任本身的一部分的双重含义。由此，卢曼将信任分为"人际信任与制度信任"。前者建立在熟悉度及人与人之间的感情联系的基础上，后者则是用外在像法律一类的惩戒式或预防式，来降低社会交往的复杂性②。卢曼这一区分的贡献是：一方面，提出了"熟悉度"这一影响因素，使人际关系与人际信任发生直接联系，从而充分继承了心理学对情感因素的关注与讨论；另一方面，进一步突显了社会结构与制度在塑形信任机制方面的作用，推动了信任研究成为单独的社会学研究的进程；另一位重要研究者巴伯尔（Barber）便受到他的启发，在划分信任类型的基础上，根据信任产生过程中出现的期望，将信任的发生进一步界定于三个不同层面上。在巴伯尔之后，又有许多学者专门就人际信任进行界定与类型划分，列维斯和维加尔特（Lewis & Weigert）提出了信任中认知的、情感的和行为的三个维度；麦克·阿利斯特（Mc Allister）则划分了认知型与情感型信任。尤其值得一提的是，列维斯和维加尔特对社会关系与人际信任之间的内在关系进行了论述，认为情感的信任与认知理性的信任分别与首属群体和次属群体相联系，而随着社会结构的变迁，次属群体在社会中所占比例和地位的上升，认知型信任将越来越成为人际信任的主要形式。这一将人际关系、社会变迁与信任联合考察的观点为后来的社会学研究者们广泛借鉴。

---

① Misztal B A. 1996：Trust in Modern Societies：The Search for the bases of social order[J]. Theory & Society，1996，1-8(8).

② 杨中芳，彭泗清. 中国人人际信任的概念化：一个人际关系的观点[J]. 社会学研究，1999（2）.

从社会关系的角度出发，"信任"有更加浓厚的社会学味道——其建立机制、保证手段、运作方式是深深嵌于具体社会运作的背景中的。对于社会学家而言，信任是一个内涵非常丰富的概念。信任问题，一方面弥散在社会生活的每个角落，时刻触及着行动者个体，有着极强的个人性；另一方面又作为一种社会关系，浸润着制度、结构等社会性因素。无论是通过最具个人性的内容来透视最具社会性的存在，抑或通过最具社会性的存在来探索最具个人性的内容，信任研究与社会学研究的结合都为我们提供了具有潜力的研究方向。

通过对信任研究的学术理路的回顾，我们发现，信任研究不再是哪一个学科单独的事情，它早已跨越了学科的屏障和界限，成为心理学、社会学、经济学、文化学、组织行为学等共同关注的话题。信任，由于其自身的独特性，它既不是一个单纯的心理概念，也不是一个简单的社会问题，更不是人们理性计算的结果，情感因素起着不可或缺的作用。信任，它首先是一种源自人与人交往过程中产生的个人的心理现象；同时，它也是人与人社会关系的产物，是社会交往的逻辑起点，是人们在社会中和谐互动的行为规范。因此，无论由哪一个学科来单独考察信任问题，都会显得过于单薄甚至失之偏颇。信任，从本质上来说是一个动态的概念，因此，对信任的考察，就不可能脱离个体的心理层面，也不可能忽视社会关系和社会模式，更不可能离开具体的经济文化背景。信任，它隐含了心理、社会、经济、文化、管理等多个层面的含义，只有将其放在一种多学科视野的互动研究和关注中进行综合考察，才能真正把握它所蕴含的丰富的内在本质。因此对于信任的研究需要有新的突破。

情感对信任研究的分析视角和研究成果引起了我们的兴趣和注意。1990年科尔曼《社会理论的基础》一书的出版使以科尔曼为代表的理性选择理论主导了信任研究。科尔曼的导师罗伯特·默顿这样高度评价这本著作："自半个世纪前帕森斯所著《社会行动的结构》问世以来，这本书是有关社会理论的一部最重要的著作，科尔曼教授在分析批判传统社会理论的基础上创立了新的社会行动理论。他对法人行动者的分析是具有深远影响的新思维。"①虽然社会学家斯梅尔瑟认为"对理性选择理论形成挑战的文献倒是没有出现。"②然而，他批判道："虽然理性选择模型作为人类行为的经济模型是很好的，但是许多社会生活现象并未得到解释，因为它没有解决分析性简单和社会现实之间的紧张状态"，"科尔曼试图在个人主义方法论的基础上建立一个一般化的社会学"。③斯梅尔瑟首先指出，理性选择的问题在于它的假设：只有在选择背景稳定时选择才是理性的，当代理性选择理论的理想型并没有把爱好、情感等考虑在内。随后对科尔曼的理论的批评和反思越来越多，甚至由此引发了一系列的多学科之间的讨论。被科尔曼忽视的情感研究的视角逐渐引起了不少学者的极大兴趣。

近三十年来，情感作为一个独立的主题，进入了社会学家的研究视野。进入二十一世纪以来，"情感社会学非常明显地成为社会学微观水平研究的前沿"，"情感在所有的层面上，从面对面的人际交往到构成现代社会的大型组织系统，都是推动社会现实的关键力量"④。学者们对情感的研究兴趣日益浓厚，相关的论文和书籍也越来越多，情感社会学理论日益兴起。与此同时，一些西方哲学思潮对理性的怀疑逐渐引起了社会科学领域的重视，经济学家、社会学家开始反思理性行动的假设。情感在社会生活中的作用说明，要对社会行为作完整的理解仅局限于理性行动是不充分的。人类的行为不仅是由纯粹的工具理性所驱动的，情感对人们社会生活的影响是无法否定的。社会学家从各自的理论传统出发，将其研究领域拓展到情感的主题上来，发展了自己的命题和假设。因此，情感社会学的发展中呈现出理论取向多样化的态势，情感社会学成为几类互动论、交换论、冲突论等理论后又一个新兴的分支。情感的研究在生理机制、文化规范、互动情境对情感的作用及其相互之间的影响等方面取得了重大成果，研究情感的理

① 科尔曼. 社会理论的基础：上[M]. 邓方，译. 北京：社会科学文献出版社，1999：前言.

② 斯梅尔瑟，斯威德伯格. 经济社会学手册[M]. 罗教讲，译. 2版. 北京：华夏出版社，2009：135.

③ 斯梅尔瑟，斯威德伯格. 经济社会学手册[M]. 罗教讲，译. 2版. 北京：华夏出版社，2009：136.

④ 特纳，斯戴兹. 情感社会学[M]. 上海：上海人民出版社，2007：2.

论体系也初露端倪。比如：在理论方面有柯林斯的互动仪式链理论、马可夫斯基和劳勒的情感交换网络理论、霍克希尔德的情感剧场理论、肖特的角色领会的情感理论、斯特莱克的自我认同情感理论、西奥多·肯珀的地位和权力的情感互动理论、里奇韦的情感预期状态理论等；最新发表的关于情感社会学研究的文献资料众多，具有代表性的有乔纳森·特纳和简斯·戴兹合著的《情感社会学》、罗伯特·弗兰克的《理智内的激情：情感的策略作用》、Jon Elster 汇编专题论文如《心灵的锤炼：理性与情感》《强感情：情感、嗜好和人类行为》和自传《嗜好》。国内有广东商学院郭景萍教授的《情感社会学：理论·历史·现实》、杨岚的《人类情感论》、刘少杰的《经济社会学的新视野——理性选择与感性选择》等。特别是在斯梅尔瑟和斯威特伯格主编的《经济社会学手册》（第二版）（罗教讲等译）中，第六章即马贝尔·布雷津的《情感与经济》一文全面总结了情感研究的最新成果。全文回顾了情感重回研究视野的过程，大致叙述了对情感有所研究的学者的研究成果，并且在界定情感内涵的基础上，阐述了情感—认知—行动的研究路径的示意图以及一个把情感和行动事件互动的可能方式理论化的分析类型。情感的多重特性表现在它是一种生理状态，但又可以发展成心理过程，同时又具有深刻的社会根源。马贝尔·布雷津的研究主旨在于把情感作为联系微观和宏观的桥梁。我们把这些研究成果加以总结，运用到信任研究的现实之中，力图对信任研究的知识积累有所贡献。

此外，当前关于中国社会信任的实证研究往往执着于简单的信任状况的测量，而没有在根本上反思这种研究方式是否存在着可能的不妥之处。事实上，触发本研究的正是王飞雪、山岸俊男合作的一项关于中、日、美三国信任的比较研究。该研究对 633 位作答者进行了一般信任水平的测试，分析得到的结果表明：相比于日、美两国公民，中国人对人性具有较高的信念，却表现出较低的信任行为。从这个研究中作者发现了中国人信任心理与信任行为的不一致或不对称问题，揭示了中国社会的信任研究的一项重要课题，即中国人信任态度与信任行为的关系问题，或者说是中国人信任态度结构问题。这项研究还涉及信任研究中所使用的研究方法和测量工具问题。可惜的是，这项研究的主要目的在于对比中、日两国的社会信任度，对中国人的信任态度与信任行为之间的关系或信任态度结构问题并没有做出更深层次的论述。

近年来，从已有不少实证性的研究力作来看，无论是涉及信任研究的学科类型的数量，还是信任研究的学术水平，中国学界对信任的研究都有了较大的进步，大量的论文或专著对中国社会的信任现状进行了深入探讨和分析。然而，这些针对中国社会的信任研究似乎陷入了一种困境，即研究数量的增多并没有带来实质性的突破，研究的话语权仍然由西方学界占主导。原因是相当复杂的，这与中国学界对信任研究的起点较低有很大关系。笔者认为，中国社会的信任研究之所以无法从根本上取得突破，是因为忽视了对信任本身的考察和研究。由于大部分实证研究只简单地采用量表化问卷来测量中国社会的信任状况，在很大程度上却忽略了对这种研究方式可能存在的缺陷进行反思。具体来说，这些研究所获得的数据很多时候是人们对信任态度的一种表示，是一种忽视情感因素的理性信任态度，是一种片面的信任态度结构状态，而非人们在生活世界中实际呈现出来的信任行为。本研究思考的逻辑起点正在于此。笔者认为，要对中国社会的信任研究方式进行深刻反思，其中首要的任务就是对信任本身的复杂多样态的特征做一个细致的分析。在此基础上，一方面理清当前信任研究的困境并探究其根源何在，为以后的信任研究做一个理论上的廓清和铺垫，同时寻求适当的方法进行实证研究，以求理论假设得到验证。这也正是本研究的意义所在。

第二节　问题的提出与研究对象

一、问题的提出

虽然国内外已经有大量关于信任的研究和测量工具，但许多学者经常把信任态度与信任行为的关系混为一谈，甚至简单地研究测量的信任度代替信任行为来进行各种比较研究，这类研究缺乏对信任本身复杂样态的反思，忽视了情感因素在信任现象中的重要地位。国内外已经有学者关注这个主题，但是研究的还不是十分系统，尤其是针对情感与信任关系的研究较为少见。本书从情感与信任关系的视角开展研究。

二、 研究对象

本研究的对象是情感与信任的关系。在信任研究领域，基本概念的界定、基本研究方法的确立、分析理论框架的选择，这些基础性的工作要提前确定。在此基础之上，我们把情感与信任的关系放入信任态度与信任行为的一元结构或多元结构之类的问题上来探讨和验证。由此，本研究确立了以下研究目的：

第一，重新梳理信任的基本概念，厘定信任关系的结构特征，确立信任关系态度在预测信任行为时的重要性；

第二，引入情感视角，在分析情感特性的基础上，着重探讨情感与信任之间的关系；

第三，借鉴态度与行为关系理论，建构信任关系态度的结构框架和理论假设，运用实证的方法来验证理论假设。

第三节　研究思路和研究方法

一、 研究思路

本研究的思考的逻辑起点是当前中国社会信任研究的困境。基于此，在王飞雪、山岸俊男的具体研究的启发下，借助社会心理学中态度与行为关系的相关理论，笔者试图从信任态度与信任行为之间的复杂关系的分析基础上来梳理分析当前中国社会信任研究的成果，同时借鉴情感社会学的最新研究视角，构建出研究的逻辑分析框架，并运用实证的方法来验证理论假设。本研究的基本理论出发点是：信任本身具有复杂的样态，兼具信任态度与信任行为两个维度，情感与认知组成信任态度的重要维度，我们在确认信任态度与信任行为两者关系密切的同时，更需要注意到人们的信任态度与实际的信任行为之间可能存在的不一致。这个论点也是笔者对中国社会信任研究的成果分析时的基本视角。

二、 研究的进程

本研究分三个阶段来分析情感与信任关系中的各个因素及相关关系。

第一阶段的主要任务是确定研究材料和研究内容，为下一步的研究提供基础资料和研究框架。

第二阶段的主要任务是探讨并建立信任关系态度与行为模型。本研究将根据实证研究的数据来验证信任关系态度模型所包含的情感元素以及情感与其他各元素之间的关系。根据研究需要，选取考研学生群体作为研究对象，采取随机抽样的方法进行问卷调查，这样可以保证被试者具有充分的代表性，使所建立的模型具有最大程度的效度。

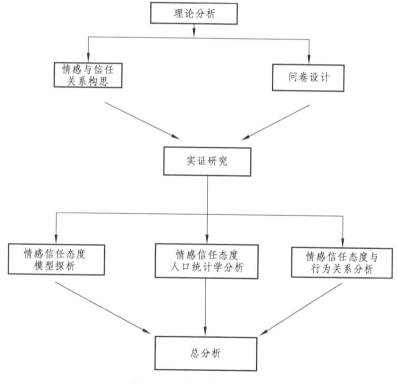

图 1　研究的流程示意图

第三个阶段的主要任务是比较信任关系态度模型在考研学生中的群体差异。就考研群体来说，由于人员多，涉及的地区广，他们对情感和信任的认识必然存在差异。本研究要探讨的差异包括考研学生群体的性别、年龄、民族、政治面貌、所在院校层次等差异。最后的验证信任关系态度模型与行为的关系。

三、结构安排

本书的基本论述框架分上下两部分，上篇是理论论述，包含第一章到第三章，下篇是实证分析，涵盖第四章到第七章，最后的第八章对全文进行总结。

在绪论部分，我们对信任研究内在理路的回顾与梳理，指出了有关信任研究的多学科融合、批判与反思的演进历程。信任研究不但面临着来自理论和现实的双重挑战，而且信任研究在当下陷入了停滞不前的困局。在这个背景下，笔者以为信任研究需要回归到信任本身，从分析信任的复杂样态来反思当前的信任研究。

第一章，笔者论述了本研究对信任问题分析的切入点，并对信任研究的基本理论取向作了简单的归纳回顾。在此基础上，笔者确定了本研究中所采用的信任概念及含义，同时，对信任关系的基本结构做了分析。

第二章，在态度与行为关系的研究中，笔者简明扼要地回顾了在心理学领域中态度与行为研究的现状，强调了认知、情感和意向组成态度的三要素，在此基础上，笔者构建出信任关系态度的模型，分别对信任态度与信任行为的含义做出了界定，并对影响信任态度与信任行为的因素做了详细的分析。

第三章，笔者对情感概念进行了多学科比较和辨析，重点介绍了社会学情感理论的研究状况，并对情感与信任的关系问题进行了探讨，特别是对情感的测量和实证研究中的成果进行了汇总，为下一步的实证研究奠定了基础。

第四章到第五章是本研究结论的实际运用，也是本研究理论意义和现实意义的体现。笔者在系统梳理了信任研究的基本理路的基础上，借鉴心理学的有关理论成果，提出研究假设，初步建构了信任关系态度结构方程模型，并且以考研学生群体为对象，进行了问卷调查，运用相关统计方法对模型假设进行了验证。验证结果基本证实了本研究的理论假设。

第六章主要分析信任关系态度结构方程模型的人口统计学群体差异。笔者选取了考研学生群体的性别特点、民族特点、居住地特点、学校层次特点、政治面貌特点五个方面进行了群体比较。

第七章主要运用样本数据对信任关系态度与行为之间的关系进行验证。实证分析结构显示，行为分为三种类型：外向理智倾向行为、个人冲动倾向行为和内向情感倾向行为，并以这三种行为类型为因变量对信任关系结构方程模型进行了回归分析。

第八章在前面章节论述的基础上，对研究问题进行了总结，给出了主要的研究结论，同时探讨了创新点，在对本研究做出反思的同时，指出本研究存在的不足以及需要进一步解决的问题。

四、研究方法

1. 理论分析法

本研究借助当代情感社会学最新的相关理论，结合心理学研究的最新成果，对信任与情感的关系进行理论分析，建立起自己的理论分析框架。

2. 模型分析法

模型分析是研究最常用的分析方法。在本研究中，研究者同样要建立信任关系态度结构方程模型以及信任关系态度与行为分析模型。

3. 统计分析

为了获得更好的研究效果，本书采用了文献阅读、问卷调查及统计分析三种方法。事实上，理论框架的形成，很大程度上是得益于前人研究成果的提示。本书在研究过程中采用问卷调查法，并通过处理数据得出研究结果并分析原因。本书使用SPSS11.0社会科学统计软件对调查对象进行描述性、验证性分析和因子分析，并使用 Amos7.0 软件对假设模型进行拟合验证。

第四节　研究意义

本研究的价值体现在理论意义和现实意义两个方面。

一、理论意义

（一）本书是情感社会学理论在信任研究领域的有益尝试

有人类存在的角落必然就会有情感的存在，所以，社会学者不能忽视情感对社会的力量。信任作为情感的社会实践之一，必然存在于社会体系中。从情感社会学的研究来看，情感不是一个自然而然的产物，而是在互动中人们主动选择和创造的结果，并通过特定的行为和符号来表现、传达和显示。因此，情感既构成了人们行动的原材料，又构成了人们进行交流的符号象征和社会交流的工具。在情感行为中，个人、群体和组织行为主体必然会把情感外射到相应的社会系统中，改变和产生新的社会系统，这里的情感是一种能力，是一种建构性因素。信任研究所涉及的社会关系是社会制度和文化规范的产物，但在社会结构的变动中更有可能是情感因素决定着信任的有无和强弱。本书通过情感视角来揭示信任的结构和机能，同时也是对有关信任的一般理论的发展做出贡献的一种尝试。

（二）拓宽了信任研究的理论视野

信任研究的理性主义往往把情感作为控制的对象，有的甚至不愿涉足非理性的情感，不愿在社会结构和社会系统中注入情感的元素（如科尔曼），而偏重心理学的信任研究虽然涉足了作为非理性的情感，但又不愿脱离心理学个体主义的藩篱，因而忽视了情感对于社会系统的介入生产和再生产。在情感社会学中，情感不单纯是个体的心理特质，更多的是作为一种突破个体的关系存在，世界上没有孤立存在的情感，情感总是深深植根于社会政治、经济、文化的背景网络中，其生成和固化有着深刻的社会制度烙印。因此，把情感变量引入信任研究丰富了其整体知识体系的建构。

（三）探索了信任关系态度与行为研究的理论分析框架

在情感社会学研究中，微观层面的情感社会学，关注社会互动中的情感过程（包括情感的建构和运作、情感的运用和社会沟通方式、具体的情感的控制）和行动者赋予情感的意义（情感文化、情感的标志），重点阐述的是情感嵌入自我以及个体调动情感的能力；宏观层面的情感社会学注重对涉及社会、社会制度和总体层次所引发的情感变迁以及情感所引发的社会与文化的变迁的研究。当代西方的情感社会学形成了三个主要的"板块"：情感的社会行为、情感的符号方式和情感的社会生产。我们可以在这三大板块之间建立某种逻辑的、概念的联系：把情感的社会行为和情感的符号方式归属于社会学中提到的"微观范式"，把情感的社会生产归于"宏观范式"，这样，西方社会学中的情感社会学理论范式就有了一个比较易于理解的基本框架。在此基础上，本研究着重从微观层面对情感与信任关系进行分析，借鉴心理学的态度行为分析成果，尝试构建信任关系态度分析解释模型，为以后的实证分析做理论上的铺垫。

二、实践意义

从现实价值方面来看，本研究力求理论联系实际。主要表现为希望本研究的研究成果能为改善和提高我国的社会信任度水平添砖加瓦。当前信任危机的出现呈愈演愈烈之势已是不争的事实。为什么中国社会出现信任危机？信任危机是不可避免的吗？信任危机的发展变化规律是什么？信任危机已经对中国经济、社会的发展造成了什么样的影响以及未来的发展趋势如何？这些问题都需要进行深入的研究才能找到答案。需要提醒的是，情感因素不但有促进信任关系，增强社会团结的积极作用，同样也是一种能够分裂社会的力量。在现代社会科学理性至上、技术进步的情况下，人的情感问题和精神疾病却越来越多。我们认为，寻找解决信任问题的任何良策都不应忽视情感因素，相反，首先应该将情感视作要考虑解决的问题。

显而易见，随着探讨上述诸问题的答案，本书对信任与情感关系的分析是可以有所作为的。这就是本研究的实际意义所在。

第一章　理论回顾与文献综述

第一节　多学科融合下的信任研究

近年来，信任已经成为许多社会科学研究的重要课题，社会学、心理学、经济学和社会心理学等学科都对信任有深入的研究。EndNote X2 是美国汤姆森（THOMSON）公司的最新文献管理软件，我们利用该软件强大的功能——直接连接国外很多名校的数据库的功能，可以通过直接输入关键词从数据库中下载相关文献。表 1-1 中就是以"trust"和"trust & sociology"为关键词搜索的文献结果。

表 1-1　信任文献统计表

数据库名称	关键词 trust	学科 sociology	数据库名称	关键词 trust	学科 sociology
奥尔堡大学 Aalborg University	38	1	康奈尔大学 Cornell University	5826	9
美国国会图书馆 Library of Congress	2853	20	华盛顿国家图书馆 Washington Res Lib Cons	2601	33
天津高等教育文献信息中心（EBSCO 数据库） LISTA (EBSCO)	1326	6	达特茅斯学院 DartmouthCollege	638	1
医学生命科学数据库 PubMed (NLM)	3025	1921	布朗大学 Brown University	1222	0
芝加哥大学 Chicago St U	3605	17	威廉姆斯学院 Williams College	367	0
芝加哥学派心理学 Chicago School Prof Psych	3605	12	安姆斯特学院 Amherst College	1126	16

数据库名称	关键词 trust	学科 sociology	数据库名称	关键词 trust	学科 sociology
香港中文大学 Chinese U of Hong Kong (HKU)	907	2	斯沃斯莫尔学院 Swarthmore College	583	0
伦敦城市大学 City U London	95	0	卫尔斯利学院（女校） Wellesley College	276	0
纽约城市大学 City U New York	1630	9	卡尔顿学院 Carleton College	403	0
香港中文大学 City U of Hong Kong	718	0	明德学院 Middlebury College	271	0
欧洲大学研究院 European Univ Inst	146	0	加利福尼亚国家图书馆 California State Lib	696	0
哈佛大学 Harvard PL	309	2	纽约大学 New York University	604	7
香港教育大学 Hong Kong Inst of Education	71	0	乔治华盛顿大学 George Washington University	2601	33
香港科技大学 Hong Kong U of Sci Tech	225	1	西北大学 Northwestern University	1995	8
普林斯顿大学 Princeton Theo	73	0	约翰霍普金斯大学 Johns Hopkins University	695	7
耶鲁大学 Yale University	1571	12	莱斯大学 Rice University	656	7
斯坦福大学 Stanford University	1497	11	埃默里大学 Emory University	796	6
宾夕法尼亚大学 University of Pennsylvania	646	7	范德堡大学 Vanderbilt University	792	8
杜克大学 Duke University	1000	8	卡内基梅隆大学 Carnegie Mellon University	143	3
哥伦比亚大学 Columbia University	2737	11	佛罗里达大学 University of Florida	872	7
合计	28814	2052		23163	145

从表 1-1 中可以看出，以"trust"为核心词的文献总数达到 51 977 条，而以"trust & sociology"为关键词搜索到的结果为 2 197 条。所选数据库为美国或欧洲排名在前 100 名的著名高校，他们拥有的信任研究的文献庞大，涉及社会学科的各个领域，尤其是以芝加哥大学数据库文献最多，从以上文献数量可以推知国外对信任研究的关注程度之高。

第二节　信任的概念与结构

一、信任概念的厘定

信任渗透于一切社会交往活动中，它是社会团结的基石、社会运行的润滑剂及将社会整合为有机整体的重要因素。经济学家、社会学家、心理学家及管理理论学者都一致认同信任在人类日常行为中的重要性（Hosmer，1995；Ganesan，1994；Doney&Cannon，1997；Berry，1995；Dwyer，Schurr&Oh，1987），但由于不同学科的研究视角有所不同，各个学科对信任的定义和研究主题也有很大的不同（Barber，1983；Butler1991；Hosmer，1995；Rosseau，Sitkin，Burt，1995；Zueker，1986）。心理学领域将其视为人格特征和人际现象，而经济学领域则把信任看成是一种理性选择机制，伦理学界又从道德角度来分析信任问题。社会学家将信任视为社会关系的一个重要维度，人们只有通过关系而建立的交往，才能满足自身对物质资料的需要，同时也才能满足认知、情感和意志方面的需要。信任是与社会结构、文化规范紧密相关的一种社会现象。正是由于这些原因，信任的范畴必然是多维的。本研究统计了不同学者对信任所下的定义，如表 1-2 所示。

表 1-2　信任定义统计表

研究者	信任的定义和维度	核心词
Sabel（1993）	信任就是合作各方确信没有一方会利用另一方的弱点去获取利益	信赖、利益
InkPen，Currall（1998）	风险状态下对联盟伙伴的信赖	风险、信赖

研究者	信任的定义和维度	核心词
Luhman（1979） Zucke（1986）	人际信任（inter-personal trust）：以人与人交往中建立起来的情感联系为基础，一般被认为是委托—代理关系的前提； 制度信任（institution-based trust）：建立在制度基础之上的信任，以人与人交往中所受到的规范准则、法纪制度的管束制约为基础	个人情感、制度
MeAlliste（1995）	认知型信任（cognition-based trust）：依赖于对他人的充分了解和值得依赖证据的掌握，如他人的能力、责任感等产生的信任； 情感型信任（affect-based trust）：建立在人们之间的感情纽带之上，表现出对对方福利的关心，充分考虑对方的目的和企图，依赖于良好的沟通和对误差的排除	认知、情感
Nooteboom（1996）	非自利型信任（non-self-interested trust）：一方愿意与另一方合作，并相信后者不会滥用前者的信任，建立在伦理道德、友谊、同情、亲情的基础上； 动机形信任（intentional trust）：一方处于某种自利的动机同另一方合作，后者的自利动机也不会导致其寻找机会做有损于前者的事情	非自利、自利
Kralner，Tyler（1996）	工具性模式的信任（instrumental models of trust）：根据对行为结果的精确计算来确定，是片面的和外在的； 关系性模式的信任（relational models of trust）：基于对对方人品、意愿和行为举止的评价决定的。这种信任包含认知成分，更包括情感内容，是内在的反应过程	计算、认知、情感
Yamagishi（1994）	如果信任是对授信对象善意友好行为的判断和期望，是对他人的品性、意图的分析推断和基础，是指具有普遍性的一般信任； 如果以对善意行为的激励强化机制和制度的认识理解为基础而形成的期望，则是"信任"或"放心"（assurance），是一种在有保障的制度环境下所产生的安全无忧的心态	放心、一般信任

研究者	信任的定义和维度	核心词
Lewieki &Bullke（1996）	计算性信任（calculation based trust）：以个人对交往中得失结果的精确计算为基础，交易双方都是理性的，双方都会充分考虑被信任和不被信任的收益和成本，然后基于收益成本间的比较做出行为选择； 知识性信任（knowledge-based trust）：以个人对交往对方的认知了解为基础，对另一方的信任基于以前对其了解的基础之上。 认同性信任（identification-based trust）：以交往双方在情感及认知上的相互认同为基础，交易双方有共同的价值观和道德准则，双方均能理解对方的需要，这种理解能导致最终的信任	信任发展的三阶段模型，计算性、知识性、认同性
Sako（1992）	契约性信任（contractual trust）：依赖于契约的信任，契约越细，信任度越高； 能力信任（competence trust）：一方具有按照对方要求和预期完成某一行为的能力，由此形成对对方的评价； 善意型信任（goodwill trust）：交易一方出于善意而对他人产生信任，这种善意包括共同的信仰、友谊、同情等	契约、能力、善意

到目前为止，在社会科学领域中，还没有形成一个大家普遍接受的"信任"定义。信任定义的难以确立从根本来说是由于"信任"本身的复杂性，"信任"以各种形式和样态深深地嵌入在人们的生活世界之中。信任是一个存在悖论的概念，情感在信任结构中是重要的一环。信任的悖论反映在：信任这个概念永远处于非理性（情感）—理性的这个两级系统的某一个位置上。正如 Nooteboom（1996）总结的，信任概念的内涵包含：

① 超越于自私却又有限制；

② 必然关涉到精神状态和行动类型；

③ 基于拥有信息和缺乏信息基础之上；

④ 是理性的和情感的；

⑤ 是一种期待但不是一种可能性；

⑥ 既是关系的根据又是关系的结果。

理性的问题是信任研究中最为核心的问题，关于信任问题的所有争论都是围绕这个问题展开的。对于研究者而言，信任与理性的关系是十分有趣的：被信任者的行为究竟是出于善意，还是由特定的目的驱使呢？信任究竟是理性的一种形式还是身处理性范畴之外，或者居于理性与非理性之间？对这些问题的回答就要求对被信任者的行为是否符合理性进行分析。只有理清信任与理性的关系问题，我们对信任问题的研究才能逐步深入。

信任与情感相关性较强。信任既是一种外在的理性制度，也是一种内在的情感道德。信任对被信任者来说，是一种内在良心的承诺，这是一种情感自觉；对信任者而言，则是基于对人性善的深信不疑，这是一种情感自愿。外在的诚实守信制度和道德价值观念必须内化为人的良心，才能真正为信任奠基。这就需要情感到场。信任是一种深刻的积极情感体验。信任这种情感与其他任何情感一样，性质上具有两极性，可分为积极的正面信任与消极的负面信任。社会信任理论把信任视为人们在相互交往过程中的一种情感认定性。人与人在互动过程中，达到相识相知的过程，也是相互信赖、相互喜欢的过程。有的学者对信任与信赖作了区分，认为信赖具有情感依附的意义，信赖双方之间是一种不平等的关系；信任则是建立在理性基础上的，是平等基础上的关系。信任来源于信赖，它的最大特征不是理性，而是基于情感。

西方许多社会科学研究者将信任理解为人际关系的产物，理性和情感是人际信任中的两个重要维度（Lewis & Weigert，1985；Clark & Payne，1997；Lee，2002；Kanawattanachai & Yoo，2002；Tohnson-george & Swap，1982；McAllister，1995；Johnson & Grayson，2005）。而大部分信任研究却往往偏重理性维度，忽视情感——非理性维度。这主要受西方大文化背景的影响，西方社会学思想的发展一直是以情感—理性、野蛮—文明、身体—灵魂、传统—现代等二元对立范畴为基础，并以打压各范畴中的前一极而彰显后一极为己任，特别是现代性出现以来，这种价值取向更加鲜明，构成现代性论述的基本底色。但是，现代社会是一个风险社会，人际关系愈来愈复杂，任何理性的判断哪怕是高明的理性分析都显得无济于事。如果理性分析能够奏效，信任也就成为一种形式了。正因为许多事无法确认，那么就只能依靠人对人的情感信任起作用。信任是社会关系的一个重要维度。正如人既有着理性算计的一面，也有情感感性的一面一样，信任社会关系也包含理性和情感两个维度。人们一方面期望通过信任收获利益，避免风险（工具信任），另一方面还期望信任过程体现忠诚和尊重（情感信任）。信任的最大特征不是理性，而是基于情感。在信任情感的运用上，还受到个人因素的制约。首先，每个人所处的社会地位的不同，所拥有的信任社会资本的多少也不同。一般来说，社会地位越高，拥有的资源越多，就越能够获得较多的信任，也易于有信心信任他人；其次，个人价值观和对社会看法直接影响人们的信任感情。个人对个性、对社会的认同度高的人，其信任度也高；另外，家庭背景、教育程度、宗教信仰、经济能力以及职业、年龄、婚姻状况等的差异也会影响人们的信任情感行为。人与人之间的彼此相互信任，受一定社会条件的制约。信任既是一种外在的理性制度，也是一种内在的情感道德。正是这些复杂性使得情感因素在信任研究中常常被忽视或故意被搁置。

情感，长久以来被社会学与经济学的分析所忽略。进入 21 世纪以来，在心理学对情感研究的进展中出现了情感究竟是天生的还是习得的争论，认知取向与习得理论的心理学家认为情感是受到外部世界或情境事件的影响的，这在一定程度上为社会学家研究情感的社会特征提供了依据。最近几年，历史学家（Reddy，2001）、哲学家（Nussbaum，2001；Pizarro，2000）、自然科学家（Damasio，1994，1999）和社会科学家（Loewenstein，2000；Elster，1996b；Turner，2000；Barbalet，1998）都确认了情感在社会生活中的重要性。[1]"情感社会学非常明显地成为社会学微观水平研究的前沿"，"情感在所有的层面上，从面对面的人际交往到构成现代社会的大型组织系统，都是推动社会现实的关键力量"。[2]情感作为一种非理性的力量，日益凸显出来，现代工业社会的发展，现代新的社会变迁，新的权力结构的形

---

① 斯梅尔瑟，斯威德伯格. 经济社会学手册[M]. 罗教讲，等，译. 2 版. 北京：华夏出版社，2009：128-148.
② 特纳，斯戴兹. 情感社会学[M]. 上海：上海人民出版社，2007：6.

成，尤其是传统的社会关系的进一步解体，人们首先感受到的就是情感方面的困惑不安、无权力、怀疑、孤独及焦虑的感觉日益增长。有关情感的理论"黑箱"越来越多地被无数研究者所揭开，对情感的研究正在从"隐性"的后台走向前台，大量情感的理论和实证研究所取得的大量成果必然会给以后的信任研究以推动，"理性与情感的关系既是分化的、对立的，也是融合的、统一的"。①现今随着情感社会学研究的兴起，运用现有理论成果，探求信任的非理性维度的内涵和机理，从而填补信任研究的非理性结构维度，为今后进一步的信任研究提供一个基础平台和初步图谱。这种现象既可以补足过去研究的不足，更是未来研究的希望。

从上述分析可见，虽然不同的学者给出了信任的不同内涵，但是理性和情感两大部分是信任概念无法或缺的。总结以上分析，我们把信任定义为：信任是人们在相互交往过程中产生合作的情感互动过程，信任关系通常表现为面对不确定性时的一种社会行为。

二、信任结构模型

首先，信任是行为主体形成或建构的一种人际关系或社会关系结构，我们称其为信任结构。信任结构常表现为信任关系状态，信任的社会关系结构都包含哪些维度是研究的重点。

在分析前人研究的基础上，我们认为信任结构由两个以上的信任行为主体和信任关系内容以及影响信任关系形成的诸因素共同构成。我们建构如下的信任关系结构分析模型，如图1-1所示：

图1-1中A和B代表信任行为主体或信任行为者，主要是个体，但也可以是群体、组织，甚至政府以及国家这样更大的政治组织也可以成为信任行为主体；微观环境（用P表示）包括信任行为主体的个人因素，如人格特质、心理状态、态度、道德水准、文化素养、价值观念等；宏观环境（用E表示）为信任行为发生的宏观社会文化环境，经济条件及制度环境等。

---

① 郭景萍. 情感社会学：理论、历史、现实[M]. 上海：上海三联书店，2008：139.

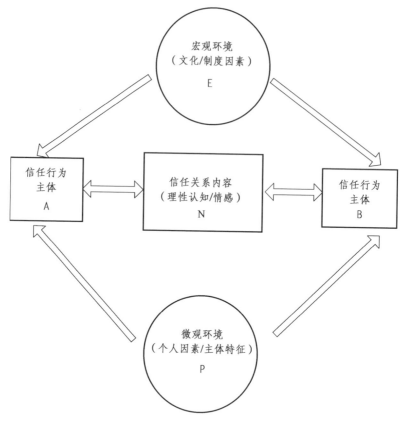

图 1-1　信任关系结构分析模型

三、创造性空间

图 1-1 中的信任关系内容（用 N 表示）是指导致信任行为主体之间产生信任或不信任心理与行为的刺激物，它是一种关系状态，是连接信任行为主体的媒介或桥梁，信任关系的内容是影响信任行为的重要因素或变量。

信任是人们应对"晦暗"的环境的一个不可缺少的策略，它表现为一种社会信任风险。如果基本信任没有得以建立，后果便是存在性焦虑的持续。因此，我们把由微观环境（P）、宏观环境（E）和信任关系内容（N）三个部分组成为"创造性空间"：

创造性空间=P+E+N

这里的"创造性空间"取自吉登斯对信任的论述："就其本质而言，信任本身在一定意义上是创造性的，因为它需要一种'跳入未知'的承诺，或者说一种幸运的抵押品，这种抵押品意味着接受新鲜经验的准备状态。"①

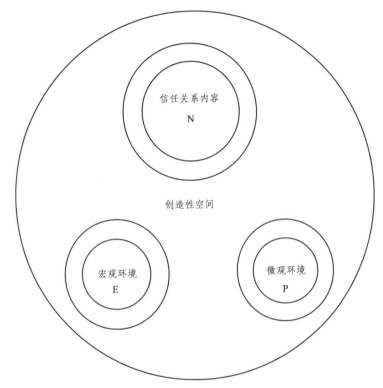

图 1-2　创造性空间结构图

任何事物的产生和存在都离不开特定的"场域"。在信任结构中"创造性空间"就是一个"场域"。在布迪厄看来，场域是一种社会空间，是一个由各种客观的社会关系交织而成的空间，"是由具有相对自主性的社会小世界构成的，这些社会小世界就是具有自身逻辑和必然性的客观关系的空间，而这些小世界自身特有的逻辑和必然性也不可化约成支配其他场域运作的那些逻辑和必然性"。②信任本身也是一种人的行为体现形式，它的发生和

---

① 吉登斯. 现代性与自我认同[M]. 上海：三联书店，1998：45.
② 布迪厄，华康德. 实践与反思——反思社会学导论[M]. 北京：中央编译出版社，1998.

存在依赖于关系所构成的特定情境，即场域。由于信任行为并不是信任主体纯粹的个体行为，它的关联对象必然指向另外一个或者几个信任主体。同时，信任的发生又受到社会价值观念、认同模式的影响，其构建过程又不仅仅局限于信任主体的互动，主体之外的情境要素的介入同样是信任得以形成的不可忽略的参考变量。由于在场域中，一切都处于一种"实践性状态"，人的行为并不是静止的，而是处于一种生产与再生产的过程中。这种生产与再生产并不是一种单调的重复，而是会在这个持续的过程中，重新确立习惯，改变场域的原有形态。在场域中，理性与非理性交织，行为与个人观念态度互相建构。

吉登斯认为，今天的人们不是依赖于具体生活环境来取得信任，因此脱离了具体情境的信任就会走向虚拟的时间和空间中去，即信任在一种脱域（disembeding）的机制中来建立起来。"脱域"与"创造性空间"的宏观环境（E）和信任关系内容（N）有密切关联。从上图看出，这种"创造性"主要体现在对不完整空间的填补过程中。填补过程包括两个部分：以制度性因素为主的正式填充手段和以非制度因素为主的非正式填充手段。

现代化的结果之一便是制度性填充手段，随着现代化和法制化的发展，在"创造性空间"里急遽膨胀起来。的确，其中制度性因素占据着十分醒目的位置。在巴伯尔那里，信任的不完全充分性便是以社会机制来填补的。[①]这一填补主要是源于社会制度、法律等对社会成员的普遍约束力。当缺失的信息不足以让行动者做出关于信任的判断时，行动中所涉及的制度性因素将会给予行动的达成以有力的支撑。然而，制度性因素起作用的前提必然是社会成员对制度的较为一致的认同。换句话说，社会制度能具备对于社会成员的约束力量，首先必须是社会成员对该制度产生信任。这里，个体在成长过程中建构起来的知识体系、思维方式，社会中正式的制度、法律的发达程度，及社会成员的认可度，共同影响着社会成员对制度性因素的认同，并最终影响"创造性空间"的大小。但是正式的制度运作空间总归有限，我们必须关注那些非制度性因素，因为正是行动中那些非正式的、

---

① 张静. 信任问题[J]. 社会学研究，1998（3）.

权宜性的成分真正将"创造性"发挥到了极致。在具体的行动过程中，非正式的填充手段①已经被人们发展成为一种行动策略，策略选择手段因时、因势、因人而异的权宜性特性表现得非常明显。在这里，个人社会化过程中受到的社会交往训练及所形成的知识、观念都在参与并决定着创造性空间的大小。

各种制度性因素与非制度性因素在创造性空间中共同运作，使得信任关系的达成呈现出无限丰富的可能性，并最终实现了社会关系的多样性。一种是社会道德作为对信任形成和运作的一种制约力量与保证机制在中国人这里是相当有分量的，已经成为老百姓的"公理"，做事时的"合理"原则，成为信任中"创造性空间"的填充手段之一；另一种更为重要的填充手段是更加带有中国人讲的"人情味"的东西："关系"。在中国社会里，"关系"是十分本土性又十分微妙的，是即便在同正式机构打交道时都非常有用的非正式渠道，其发达程度远远超过了以烦冗著称的正式官僚体制。每个中国人都生活在由各种关系交织而成的网络中，关系网络的发达程度和影响力常成为判定一个人社会活动能力的标志之一。在这个社会中，关系与信任紧紧地结合，成为信任的另一有力保证。同时，关系的撒播是不均匀的，换句话说，即在一个人的关系网中，不同关系类型（亲人、同学、同事、战友、上下级等关系）是与不同的信任程度相关联的。对中国人而言，信任度的强弱与对方同自己的关系远近几乎呈同一走势，以当事人这一"个己"为中心，向周边扩散，这种远近亲疏感组成了差序格局。也正是基于此，以关系为代表的"合情"原则在中国社会通行无阻的同时，法制手段在信任的创造性空间中的作用被大大弱化了。从孔子那里便有了"父为子隐，子为父隐，直在其中"之说，即使讲公道、讲法，仍不能超越人伦之情，可见在中国人生活艺术的"合情、合理、合法"三位一体的最高境界中，"合法"的确是处于相对次要的位置上的。

---

① 梁克. 社会关系多样化实现的创造性空间——对信任问题的社会学思考[J]. 社会学研究，2002（3）.

第三节　信任的实证测量研究

从现有的信任研究理路来看，社会信任更多的成为研究者所热衷的议题。但是在评断一个社会信任度高低与否的实证研究中，更多的是直接采用信任量表或量表化的问卷来直接对个人的信任态度进行测量，从中推断出社会的信任度。其中，调查的问题更多的是侧重人际性的问题，换种说法就是社会性的问题。然而，这样的实证研究方式，有个问题需要解决：即量表测出来的信任结果是什么？换句话说，量表能不能准确反映信任行为？笔者以为，这个问题非常重要，而且急需得到解决。

一、信任的测量

王飞雪和山岸俊男在一项题为"信任的中、日、美比较研究"中指出："调查的结果表明，一般信任（8项目量尺）在日本和美国表现为单因素结构，在中国表现为三因素结构，而且表现出对人性的高信任和信任行为低下的倾向。其次，'人性的评价'和'信任行为'在美日有很强的相关性，而在中国很弱。"[①]

王、山论文中所说的美国人与日本人的信任单因素结构和中国人的三因素结构是怎么一回事呢？这就涉及他们的信任研究中所使用的研究方法和测量工具问题。

王、山的研究使用的是一个由8个问题组成的信任测量量表。运用上述量表测量所得数据的分析结果如表1-3所示：[②]

---

① 王飞雪，山岸俊男. 信任的中、日、美比较研究[M]//载郑也夫，彭泗清，等. 中国社会中的信任. 北京：中国城市出版社，2003.

② 根据王飞寻、山岸俊男论文"信任的中、日、美比较研究"中的统计表重新制作，参见郑也夫、彭泗清等《中国社会的信任》中国城市出版社，2003.

表 1-3　一般信任项目和平均得分比较

项目	中国人 （N=663）	在日中国人 （N=56）	日本人 （N=1136）	美国人 （N=443）
Q 一般项目（8 个项目的总平均得分）	3.56 （0.64）	3.74 （0.75）	3.36 （0.73）	3.74 （0.64）
Q1、大多数人基本上是诚实的	4.01 （1.27）	4.13 （1.24）	3.29 （1.34）	3.72 （1.10）
Q2、大多数人基本上是好的、善良的	4.23 （1.16）	4.41 （0.99）	3.36 （1.19）	3.71 （0.99）
Q3、大多数人是值得信任的	3.82 （1.30）	3.57 （1.28）	2.64 （1.22）	3.56 （1.06）
Q4、受人信任时大多数人也将信任对方	4.16 （1.14）	4.17 （1.04）	3.51 （1.21）	4.22 （0.73）
Q5、受人信任时大多数人将做出相应回报	4.07 （1.14）	4.11 （1.07）	4.29 （0.89）	3.93 （0.94）
Q6、我相信他人	3.24 （1.32）	3.82 （1.19）	3.74 （1.10）	4.43 （0.89）
Q7、大多数人都相信他人	2.89 （1.38）	2.80 （1.42）	2.96 （1.21）	3.17 （1.07）
Q8、完全相信别人会带来欢喜的而不是悲惨的结局	2.08 （1.24）	2.90 （1.39）	3.09 （1.17）	3.18 （1.18）

注：括号内的数字为标准差

　　王飞雪、山岸俊男从表 1-3 的数据中发现了中国人与美国人和日本人在信任态度与信任行为关系上的不同，即美国人和日本的信任态度与信任行为趋于一致，表现为一种一元结构，而中国人的信任态度与信任行为则处于分离状态，是一种复杂的三元结构。"我们用这 8 个项目再次做了因素分析，结果表明，第一因素的特征值（Eigerlvalue）（转换前）分别为中国 2.24，日本 3.12，美国 3.30，其中中国最低。三种被试间的差异表明，一般信任的 8 个项目在日本和美国表现为较强的一次元结构，但中国的结构较复杂，也就是说，第一因子在日、美被试中解释了很大程度的变异，但中国却非如此。"①

这里第一次提出了信任的一次元结构和复杂多元结构的问题。本书主要讨论信任态度与信任行为的关系，因此不去探讨美国人、日本人与中国人信任态度与信任行为的比较，重在分析中国人的信任态度与信任行为的复杂多元结构和它们是否一致的问题。

把一般信任量表测量数据进行因子分析并将其平均得分列成下表，如表 1-4 所示：

表 1-4　中国人一般信任因子分析与平均得分比较分析表②

项目	中国人（N=663）	在日中国人（N=56）	日本人（N=1136）	美国人（N=443）
Q1、大多数人基本上是诚实的	4.01	0.78	-0.08	0.08
Q2、大多数人基本上是好的、善良的	4.23	0.81	0.07	0.04
Q3、大多数人是值得信任的	3.82	0.70	0.14	0.31
Q4、受人信任时大多数人也将信任对方	4.16	0.01	0.80	0.15
Q5、受人信任时大多数人将做出相应回报	4.07	0.11	0.81	-0.08
Q6、我相信他人	3.24	0.23	-0.06	0.67
Q7、大多数人都相信他人	2.89	0.33	0.04	0.44
Q8、完全相信别人会带来欢喜的而不是悲惨的结局	2.08	-0.31	0.09	0.70

通过对中国人的一般信任测量数据进行因子分析，表 1-4 显示出了中国人信任的三元结构：人性信任、人情信任和信任行为。从平均得分来看，构成人性信任的三项内容以及组成人情信任的两项内容得分都很高，而信任行为三项内容得分都比较低。也就是说，中国人的人性信任与信任行为

---

① 王飞雪，山岸俊男. 信任的中、日、美比较研究[M]//郑也夫，彭泗清，等. 中国社会的信任. 北京：中国城市出版社，2003.

② 根据王飞雪、山岸俊男论文"信任的中、日、美比较研究"中的统计表重新制作，参见郑也夫、彭泗清等著《中国社会的信任》中国城市出版社，2003.

存在差距或者说不一致，如果计算二者之间的相关系数的话，这个相关系数会很小。"信任行为与人性两者之间的相关性为中国最低（r=0.31），美国其次，（r=0.49），日本最高（r=0.56），这一结果表明，在中国对人性善良的信任并非意味着必然采取信任行为。"[1]

态度与行为之间通常具有不一致性，这已为社会心理学家的研究所证实。信任态度和信任行为的关系也应该是如此。那么，信任态度与信任行为之间的不一致属于常态，反倒是二者之间的一致应该归为不正常的范围。

这种研究结果迫使我们去反思研究方法的正确性。

量表中用以测量信任行为的内容测量到的不是信任行为，而是其他内容。那么量表测量的到底是什么呢？我们把狭义的行为定义为行为主体在心理活动支配下产生于一定情境中的言行举止等实际活动。行为不是抽象的，它的产生必须具备动机、目标、情境等具体内容。研究人类行为的理想方法是实验法和观察法。运用量表和问卷测量人的行为比较困难，通常只能测量和调查已经出现过的行为，即让被试回忆自己在某个事件或某项活动中的行为表现。这是一种"过去式"方法。还有一种"将来式"方法，即在问卷中设置一种具体的情境，让被调查者回答将会怎样行为。通常而言，"过去式"方法比"将来式"方法更简单、适用，而且获取的信任也更准确、可靠。

信任行为是人类无数行为的一种，它是以人与人之间的承诺与履约等为基本内容的具体活动，用量表法或问卷法测量信任行为，也通常只能采用"过去式"与"将来式"两种手法。由此来看王、山研究中的测量信任行为的方法，显然不符合测量信任行为的要求，或者更准确一点说，王、山把测量量表中的 Q6（我相信他人）、Q7（大多数人都相信他人）和 Q8（完全相信别人常常带来欢喜的而不是悲惨的结局）三项内容聚合而成的公共因子，各定名为"信任行为"不符合实际，这三个问题测量到的只是一种态度而不是行为。

社会心理学认为，态度也不是抽象的，态度总是产生或指向于一定具

① 根据王飞雪、山岸俊男论文"信任的中、日、美比较研究"中的统计表重新制作，参见郑也夫、彭泗清等著《中国社会的信任》中国城市出版社，2003.

体的对象。我们总是说人们对某人、某事、某物的态度，而没有具体对象的抽象态度根本不存在。王、山研究中的一般信任量表实际上测量到的是人们面对三种不同的信任对象而产生的三种不同信任态度。

第一种信任态度的对象是"大多数人"，这种信任态度可称之为"人性信任""抽象人信任"或"普世信任"态度。第二种信任对象是"他人"，他人是被调查者现实生活中所熟悉的、所与之交往的各种人，是一个具体的人群集合体，不同的人具有自己不同的"他人"集合体。可见"他人"不同于抽象的"大多数人"，"他人"是一个具体的信任对象，由"他人"作为信任对象而产生的信任态度可命名为"现实人信任"态度。"现实人信任"是信任主体对自己所熟知、所与之交往的"他人"这个信任对象集合体所产生的加权平均信任态度。信任主体对"他人"中不同的具体个人的信任态度是不一样的，如对亲戚的信任态度不同于对朋友的信任等，信任主体在形成"现实信任态度"的过程中，大脑这个信息处理系统会对每个具体信任对象以不同的权重，然后计算出总的加权平均"现实人信任态度"。这里"总的加权平均"包含多种因素，如情感状况、外界环境状况等。

把王、山论文中的"信任行为"校正为"现实人信任态度"之后，情况发生了根本性的改变，对信任结果的解释会变得更加合理，更加符合社会实际，尤其是原来不好解释的问题现在变得很好解释了。

其一，王、山的研究并未预先涉及信任行为问题，因此不存在中、美、日三国国民信任心理与信任行为关系的比较，更不存在中国人信任心理与信任行为不一致或失调的问题。

其二，王、山的研究实际上进行的是中、日、美国民信任态度的比较研究。从"抽象人信任态度"层面看，中国人的信任水平明显高于美国人和日本人，这正是中华民族是一个善良、温厚的民族和和谐传统文化集体无意识的反映。但对于"现实人信任态度"，中国人的水平要低于美国和日本人，这便是美、日的社会信任现实状况好于中国的反映。

其三，从社会心理学的认知失调理论来看，当代中国人存在信任认知失调问题，即由在传统文化影响下形成的对理论性信任的认知元素与由现实社会中人们的信任行为为对象所产生的信任认知元素之间产生了矛盾或不协调。信任态度的认知失调是影响中国人信任行为的主要因素之一，当代中国社会信任的诸多问题都可以一定程度地由此做出解释。

其四，将王、山研究中的信任行为校正为现实人信任态度后，原来不好解释的问题变得好解释了。比如，社会心理学的研究证明，西方人存在态度与行为之间的不一致，这是正常现象，因为影响行为的因素，除了态度之外还有很多，显然态度不能唯一地决定行为的是否产生，态度与行为之间不可能呈现出一种浅性关系。按照王、山原来的研究结果，美国人、日本人的信任态度与信任行为之间呈线性相关，中国人的信任态度与信任行为之间呈现不一致。这与社会心理学关于态度与行为关系的已有研究不一样，即不可能出现的信任态度与信任行为高度一致的现象在美国人和日本人身上出现了。现在清楚了，原来导致这种情况出现的原因是他们的研究方法出了问题。

从王、山的研究中可以发现，在日本生活的中国人（留日中国学生）的信任态度与信任行为与本土中国人大异其趣。"第一因素的 Eigenvalue 为在日中国人（3.27）大大高于大陆中国人（2.24）。同样，该 8 个项目的信赖系数也一致表示，在日中国人（r2=0.77）高于大陆中国人（r2=0.59）。这两项结果表明，在日中国人的一般信任（8 个项目）的结构非常接近日本和美国，换言之，在日中国人的信任结构不同于大陆中国人（多元结构），而类似于日、美（一元结构）。"①

这个研究结果显得颇有几分离奇，中国人到日本留学一段时间，信任结构就由原来的三元结构马上变为与日本人、美国人一模一样的一元结构了。那么，怎么解释在日中国人的这种变化呢？原来的多元信任结构是如何变成一元信任结构的呢？

王、山所谓信任结构的多元与一元，指的就是信任态度与信任行为之间是否趋于一致，不一致都为多元结构，趋于一致者则是一元结构。

在日中国人在中国时形成的信任多元结构，到了日本后，信任结构中的"人性信任"态度由于是在传统文化的影响下形成的，因而不可能立即变化，产生变化的只能是信任行为。王、山认为在日中国人信任行为的变

---

① 王飞雪，山岸俊男. 信任的中、日、美比较研究[M]//郑也夫，彭泗清，等. 中国社会的信任. 北京：中国城市出版社，2003.

化主要是他们摆脱了以往"人情"与"关系网络"的制约和受到发展机会的激励所致。"在日中国人对人性的评价与信任行为之间的相关明显提高，一般信任水平高于大陆中国人。我们认为在日中国人信任感的增强是因为摆脱了人情和关系网的束缚以及受到外界机会代价的刺激，这一解释进一步说明了相互依恋关系在中国社会的支配作用。"①

不能说这种解释没有道理，问题是他们的研究测量的不是信任行为而是另一种信任态度。实际情况应该是：在日生活的中国人由于进入一个具有更高信任水平的社会，与之交往的"他人"使他们改变了原有的"现实人信任态度"。至于信任行为的改变，则是在更多因素的作用下所产生的一个更为复杂的过程。

二、信任研究方法

随着信任研究的热度加深，各种不同的学派和研究方法纷纷出现，得出的结论也存在较大差异。以研究方法而言，主要可归为以下几类。

1. 交易成本方法

在交易费用经济学里，信任可以减少交易成本，但未明确界定信任的概念，也没有说明信任总能提高效率、总是一桩好事物。交易成本方法的倡导者主要是 Williamson，后由 Margaret levi 及 Dominic Furlong 等人对 Williamson 的理论做了进一步的阐述和发展。这种方法将信任与交易费用连接起来，并用交易费用分析方法处理信任概念与信任关系。他们试图将信任引入理性化的分析，认为交易是人类最重要的经济活动之一，而交易需要花费代价，如果交易费用太高，交易就不会发生。而影响交易成本的因素可分为两类：人的属性和交易特有的属性。Williamson 仅仅将信任归结为理性计算和预期的结果，经过仔细推敲的结果就不能再被称为"信任"，考虑没有计算的信任会造成思想混乱，所以 Williamson 并不认为信任是一个有用的概念。

---

① 王飞雪，山岸俊男. 信任的中、日、美比较研究[M]//郑也夫，彭泗清，等. 中国社会的信任. 北京：中国城市出版社，2003.

2. 解释的方法

解释的方法是将信任看作理性计算与"信仰的额外因素"相结合的方法。齐美尔认为信任是知识与无知的合成物。他将信任看作是一个完整的认知过程，此过程分为三阶段：解释、悬而未决（Suspension）、预期。解释是基于对经验知识的总结所做出的对某种事物或当事人的主观阐释，人们常常比较重视解释与预期之间的关系。但是齐美尔认为：就信任来讲，仅有理性是不够的，信任具有难以琢磨的性质，在解释与预期间需要跨越一座桥梁。他把这一过程称为"悬而未决"，齐美尔实际上是将这一过程作为人对事物或人的"准宗教信仰"发挥作用的阶段，以此超越了无知与不确定领域，使解释过渡到预期，也就是跨越到信任状态。所以齐美尔的研究认为信任就是在无法确知的条件下生活。也将这一过程描述为信任过程中的"飞跃"，这里飞跃的含义是从好理由向实际有利的预期的转换，是一个精神过程。齐美尔解释的框架和方法被看作是理性与情感复合的过程。

3. 嵌入方法

嵌入方法是一种突破了信任的个人主义研究的方法。在社会领域，要保持经济学意义上的完整的个人理性是不现实的，因为个人理性与信任等社会规范是相互冲突的。所以只能将经济主体嵌入社会进行研究，这种研究分为微观与宏观两类。从微观上讲，是将个人嵌入社会网络；从宏观层面讲，是嵌入结构。我们要考虑产生、证明和展开社会资本网络何以嵌入在较大的政治经济系统中或较大的文化与规范的系统中，嵌入自我与嵌入结构的提法与波茨的结构嵌入是一致的。嵌入方法指出了不同学科对信任的方法上的片面性，主张打破学科界限，力主学科间的融合。嵌入性的研究显示了广泛的适用性，它使市场中的结构纳入信任的框架下，增强了信任范式的解释能力。

4. 统计分析中相关因素分析方法[①]

信任的理论分析有一个共同的模式：首先找出影响信任的因素，进而在实证研究的基础之上尽可能合理地假设这些影响因素对信任的影响方式

---

① 胡宜朝，雷明. 信任的研究方法综述[J]. 山西财经大学学报，2005（6）.

（这些影响方式是通过函数来表示的），然后通过分析所假定的特定函数，从理论上解释信任。这种方法的优点是，逻辑推导严密，可以从理论的高度解释现实生活中的常见问题。其缺点是，前提假设未必十分贴切，在无法建立函数关系或建立了错误函数关系的情况下，往往很难得出有用的结论，更难以对现实有指导作用。

这种分析方法主要运用于经济学和社会学领域。英格哈特主持了"世界价值研究计划"（1990），该研究第一次对包括中国在内的 41 个国家进行调查，结果表明，中国人相信大多数人值得信任的比例高达 60%，仅次于瑞典、挪威、芬兰，列第四位，比福山认为高信任度的美、德、日都高。对于这一结果英格哈特难以接受，怀疑自己的调查方式出了问题。于是，1996 年他又进行了新一轮的"世界价值调查"，调查了包括中国在内的 47 个国家和地区，结果仍有超过 50% 的中国人说，他们相信大多数人值得信任。无疑，这项研究表明中国人有着很高的信任度；我们前面论述的王飞雪和山岸俊男的"信任的中、日、美比较研究"也属于这个范围。

5. 博弈论方法

博弈论方法用博弈论作为分析工具，从理论上来分析信任，并通过一系列的博弈实验对所提出的假设和结论进行实验分析。这主要是基于对个人偏好的分解之上。这种方法具有极强的工具性，这种工具主要进行微观层次结构研究。博弈理论把信任的研究定位在人与人之间及组织与组织之间的个体交易上，而且每个不同的行动者都是在获取的现有信息的基础上，以利益最大化为准则寻求合作。博弈分析以科尔曼模型最为经典：

$$\frac{P}{1-P} > \frac{L}{G} \qquad 或 \qquad PG-(1-P)L>0$$

模型中 P 表示受托人确实可靠的概率，L 表示如果受托人靠不住时信任行为所造成的损失，G 表示如果受托人确实可靠时信任行为所带来的收益。当 $\frac{P}{1-P} < \frac{L}{G}$ 时，信任行为不会产生，而当 $\frac{P}{1-P} = \frac{L}{G}$ 时，则可能产生信任行为也可能不产生信任行为。在模型的计算中对 P 的预期是决定信任的重要因素。许多经济学家也在分析框架中采用了科尔曼的方法。在缺乏 P 的条件下，信任的双方就难以做出理性决策，在一次性博弈或得不到有效

信息的条件下，从不信任出发，就难以形成合作交易。对于用博弈论研究信任的研究者来说，这是一个有待继续深入研究的领域。

6. 实验方法①

除了建立严密的理论模型之外，用博弈论实证研究信任的实验方法在最近的文献中经常出现，常见的方法是做经济实验，以下几类博弈实验常用来研究个人的偏好：独裁者博弈（Dictator Game，DG）、最后通牒博弈（Ultimatum Game，UG）、礼物交换博弈（Gift-Exchang Game，GEG）、信任博弈（Trust or Investment，TG）以及公共品提供博弈（Public Good Provision Game，PGP）等。

第四节　已有研究存在的问题

一、概念界定方面

情感与理性认知是信任关系内容的重要组成部分，因而对于任意一方的偏重都使得信任有不同的研究领域，进而导致信任本身尚无广泛认同的定义。研究者表面上似乎在研究和定义情感时包含着对情感的考虑，而在实际操作上却有所差距。因此，首先要明确信任的概念，明确信任关系的结构与测量方法，进而研究情感与信任关系。

二、具体研究方面

第一，信任研究没有充分考虑情感因素的影响。由于情感因素的复杂性和善变性，信任研究通常把情感因素排除在外，视情感为"黑箱"或假设情感是稳定不变的。这样，人才是理性的人。理性人假设是许多信任研究的基本前提，而现实生活中并不具备这样的条件，人既是理性的动物又是感性的动物。

第二，信任态度与信任行为的不一致，即信任态度预测信任行为时常

---

① 胡宜朝，雷明. 信任的研究方法综述[J]. 山西财经大学学报，2005（6）.

常发生偏离。人的社会行为通常是情感和计算共同作用的结果，对于信任行为是否被实施，人们会受到事物和他人评论的影响。因此，研究信任行为的前提是对信任态度的结构作充分了解，而当前的对信任态度的研究存在重理性计算轻视情感作用的现状。

从这里我们可以看出，在信任研究领域，基本概念的界定、基本研究方法的确立、分析理论框架的选择，这些基础性的工作还有待进一步去证实，在此基础上，才谈得上进行信任态度与信任行为的一元结构或多元结构之类问题的探讨与争论。

第二章　信任态度与信任行为关系

第一节　态度与行为关系的提出

在心理学中，通常把心理或心理活动定义为存在或发生在大脑神经结构中不可为外人感知到的主观意识活动，一般分成心理过程和个性心理两大部分，心理过程又分为认知、情感、意志三大过程，认知由感觉、知觉记忆、想象、思维构成，情感中包含了情绪的内容，意志分为意志品质和意志行为倾向。个性心理由气质、能力、性格等个性心理特征和内容复杂的个性倾向性（包括理念、世界观、人生观、信仰、价值观、态度、兴趣爱好等）组成。在这个复杂的心理活动家庭中，我们关注甚多，使用频率较高的是理念、态度及意志行为倾向等范畴。

行为是指在心理活动支配下产生的能为外人感知的言行举止。行为范畴有广义和狭义两种，广义的行为包含了心理活动在内，而狭义的行为则仅指人们外显的言行举止。在本书中，我们选取狭义的行为范畴，因为我们要探讨心理与行为的关系这一争论已久的问题。

一般认为，人们的心理活动与行为表现是一致的，即人们心里怎么想，行动上也就会怎么去做。这种认识一直延续到 20 世纪三十年代。

1930 年，一位各叫理查德·拉彼埃尔（Richard. Lapiere）的美国斯坦福社会学教授，进行了一项对后来产生深远影响的社会实验。[①]他与一对中国留学生夫妇结伴周游美国。他们三人一行在两年时间内游遍了全美国，他们一共去过 184 家餐馆，67 家旅馆以及各种汽车旅店和专门招待旅行者

---

① 普劳斯. 决策与判断[M]. 施俊琦，王星，译. 北京：人民邮电出版社，2004：53.

的家庭。在他们三人旅游结束 6 个月之后，研究者用邮寄问卷调查的方式对他们去过的每一处地方的业主进行调查，问卷上的问题是："你会在你那里接待中国人吗？"调查结果，共回收了 128 份问卷，其中餐馆和咖啡厅 81 份，旅馆等 47 份。问卷统计的结果是：有 118 份问卷明确表示他们不会接待中国人，占总调查问卷的 92.19%；有 9 份问卷回答要视情况而定，占总被调查对象的 7.03%；只有一家汽车旅馆的老板做了肯定的回答，仅占 0.78%。

虽然按照现代社会科学研究方法的标准，我们可以对该项研究方法的规范性与科学性提出种种质疑，但是这项研究竟成了社会心理学领域的经典性研究范例。因为它第一次发现了人们对待事物的态度（心理）与其行为上的不协调，而后来的研究证明的确是如此。

在拉彼埃尔的研究成果公之于世三年以后，另一位美国学者斯蒂芬·科里（Stephen Corey）发表了支持拉彼埃尔研究结果的实验研究报告。[①]他研究的是大学对考试作弊的态度与作弊行为之间的关系。科里用 67 名大学生作为被试者，先对他们进行有关考试作弊态度的测量，然后让他们参加设计巧妙的测量其作弊行为的实验。科里的研究结果令人吃惊地发现："人们的态度和行为之间的相关关系几乎为零。这些学生对待作弊的态度似乎与他们自己的作弊倾向没有多大联系。真正与作弊有关的是他们在考试中的表现。"[②]

此后，关于态度与行为关系的研究越来越多。1969 年，心理学家艾伦·威克（Auan Wicker）发表了一篇关于态度与行为关系研究总结性的论文，对 46 项研究成果进行了综合性分析，这些研究中所进行的态度与行为关系的实验都是在不同的条件下进行的，参与实验的被试各种各样。威克发现态度与行为之间的相关系数一般都是趋近于零，态度对人们的行为没有任何解释力。[③]

---

① 普劳斯. 决策与判断[M]. 施俊琦，王星，译. 北京：人民邮电出版社，2004：54.
② 普劳斯. 决策与判断[M]. 施俊琦，王星，译. 北京：人民邮电出版社，2004：54.
③ 普劳斯. 决策与判断[M]. 施俊琦，王星，译. 北京：人民邮电出版社，2004：55.

显然，威克的说法让人们难以接受。没过多久，为态度与行为关系正名和说公道话的人站出来了。这些人被人们称为态度与行为关系理论的修正学派。这个学派的观点认为，人们对待事物的态度与其行为的一致性不是无条件的，而是受到特定条件约束的。只要满足某些条件，态度与行为就会趋于一致。"这些条件包括：（1）必须仔细选择态度和行为的测量方法，应该尽可能有效和可靠；（2）只要有可能，应该尽量以多种方式来确定态度和行为；（3）为了避免出现干扰变量，研究态度和行为的时间应该被安排在一起；（4）在行动的对象、行动发生的情境以及行为发生的时间方面，态度和行为的测量手段应该相匹配。"[①]

　　由此看来，修正学派是认为态度与行为关系的研究者们使用的研究方法不当，他们把原本存在相关或一致性的关系给扭曲或消灭了。因此，修正学派认为应该改善研究者们的研究方法，恢复态度与行为关系的本来面目。

　　美国学者艾克·阿杰增和马丁·菲什拜因（Icek Ajzen and Martin Fishbein）1977年发表的一项研究成果，支持了修正学派的观点。[②]阿杰增和菲什拜因发现，在影响态度与行为关系研究结果的诸多方法和因素中，从具体的对象来统一地定义态度和行为，显得尤为重要。研究者很容易犯的错误是，从抽象或一般的角度去定义态度的对象，而从具体的角度去定义行为，或反过来也一样，总之使态度和行为被放在抽象和具体两个不同的层面去理解、测量和分析，于是出现了态度和行为之间不存在关系的虚假现象。阿杰增和菲什拜因认为，拉彼埃尔（1934）之所以认为态度和行为只有很微弱的一致性，是因为其研究者态度的对象（普遍意义上的中国人）和行为对象（一对特定的中国夫妇）相距甚远。[③]

　　阿杰增和菲什拜因的观点应该是抓住了问题的实质。现在学界比较一致的观点是，态度对行为是具有解释力或预测力的，但二者的关系很容易因研究方法的使用不当而被扭曲。

---

①　普劳斯. 决策与判断[M]. 施俊琦，王星，译. 北京：人民邮电出版社，2004：55-56.

②　普劳斯. 决策与判断[M]. 施俊琦，王星，译. 人民邮电出版社，2004：56.

③　普劳斯. 决策与判断[M]. 施俊琦，王星，译. 人民邮电出版社，2004：56.

第二节　态度与行为关系研究综述

我们提出并分析态度与行为关系研究的问题，是为了更好地理解和分析信任问题。信任研究中同样存在信任心理与信任行为的关系争论问题。作为行为的一种类型，信任行为与信任心理之间的关系，应该与一般行为与心理之间的关系是一致的，即信任心理与信任行为之间存在一种比较复杂的关系，特别是容易受测量与研究方法的影响而被扭曲。不过这方面的研究比较少见。实际上，信度态度与信任行为的关系是一个很重要的研究领域，这种研究能使我们更好地理解和分析人们的信任关系。

一、社会心理学的研究现状

在社会心理学的研究领域，任何一位学者都不曾忽视对态度与行为关系的探讨。态度与行为关系的研究大概经历了这样的过程：一开始研究者们大都假设，态度是个体内部的心理准备状态，它对个体的反应具有指导性或动力性的影响，因此如果能够确切了解某种态度，就可能预测与该态度相应的行为。然而到目前为止，大多数研究者都认为，态度在预测行为中扮演着重要的角色，但同时也发现制约态度与行为关系的因素是多方面且复杂的，根据被试者对于对象评价的言语报告所测定的态度并不能完全代表其真实的态度。于是，研究者开始把目光转向致力于说明在什么情况下，或在什么前提下，态度与行为具有相关关系；如果不相关，是什么因素导致的，其"中间变量"是什么？

综合分析自 20 世纪 80 年代以来国内外态度研究的成果，我们从以下几个方面对态度与行为的复杂关系的研究成果加以梳理归纳。

1. 态度自身特性

在很长时期里，心理学界只是简单地视态度为一种心理准备状态，而社会行为处于有意识的控制下。Greenwald（1995）等提出内隐社会认知

（implicit social cognition）这一新的研究领域，揭示了无意识成分参与有意识的社会认知过程，并进而提出内隐态度（implicit attitudes）概念。在此基础上，Wilson 和 Lindsey 等人提出了双重态度模型理论（Dual Attitudes Model），认为主体对同一客体能同时存在两种不同的评价，一种是能被主体所意识到的和承认的外显态度，另一种是主体意识不到的但能被自动激活的内隐态度。因而从态度预测行为应同时关注主体的双重态度的作用，尤其是内隐态度。这一观点已被许多研究所证实。

另外，在探讨态度的要素（认知、情感和意向）结构的基础上，研究者提出了内在态度结构（Intra Attitude Structure）的概念。内在态度结构侧重探讨态度各要素之间的评价关系，认为态度是从多个要素联系的概化中，通过评价而形成的。罗森伯格和霍夫兰德曾把态度看作刺激（态度对象）和可观察的反应（行为）之间的一种内在中介变量。这一中介变量由认知、情感和意向各要素构成，考察态度与行为的关系，应关注各要素之间评价的一致性。研究指出，诸要素评价的一致性能有效地预测态度的形成和变化，进而预测行为。

此外对态度结构的另一些研究还指出，某一态度可以从已形成的较稳定的或者一般的态度中推导出来。换言之，人们对具体问题的态度很可能受其一般价值体系和内化的道德标准的制约。Feather（1996）指出，在由信念、价值及态度构成的复杂心理结构中，核心价值处于重心地位，而其他价值、态度和信念则相互联系，成为这一结构的基本元素。这样在具体问题上，决定行为的便不是态度，而是其核心价值。近年对态度和行为的研究出现了一个新名词叫 NIMBY，它由词组"与我无关"（not in my back yard）的开头字母组成。它反映了这样的现象：一件事、一个方案或者某种环境的改变正在酝酿之初，大家都认可这是为了公众的利益，于是这一改变通常会得到众人的广泛支持，然而，当人们意识到这一改变可能将影响个人利益时，便会断然反对它。NIMBY 反映了态度结构中的价值更深刻地影响行为的事实。

新近研究对态度强度概念的挖掘，是一个重要进步，不仅扩大了我们对态度内涵的认识，还可能推动态度量表的编制朝更精致、更准确的方向迈进。然而，新的态度强度观点提出的经验强度和结构强度如何在态度量表中得到反映，并通过有效的指标加以表达，以及态度强度随时间发生的动态变化等，仍是研究者要努力求证的课题。而且在现实中即便是具有强型特征的态度，也经常要受到情境的限定，因此难以直接从态度强度预测行为。我国学者（金盛华，1995）认为，与强度相比较，态度深度（intensity）是更应引起我们关注的变量。"深度是指态度主体在一种态度对象上的卷入水平。它的操作指标，通常是一种态度得不到支持时所产生的挫折感强度。"如果个人情感被深刻卷入环境对象之中，则此时态度更具有预测性。

另外，随着新的变量增多，对态度的理论解释变得愈加复杂。在说明态度与行为的关系时，可能很难把握哪个或哪些变量所发挥的作用更为重要或更为主要，它们什么时候起作用，通过怎样的机制起作用等。此外，如果把个人的态度和行为放在社会生活的现实情境中，显然，要更合理地说明态度与行为的关系，应当扩大态度行为之间关系的研究系统。不仅把态度放在心理系统的背景中进行考察，还要放在时空的情境背景中考察。因为任一态度与行为的关系都是处在特定情景中的关系。尝试对各种因素进行整合，构建一个解释"态度与行为关系的模型"，可能是社会心理学未来令人感兴趣的重要任务之一。

2. 情境的限定

情景限定是指他人了解你的行为并做出积极或消极反应的可能性。人们的行为经常是其态度和其觉察到的情境限定之间互动的产物。情景的影响为行为反应提供了框架。为什么有的时候人的态度和行为保持一致，而有的时候却不能一致呢？其原因是复杂的。除了受自身态度所影响，还受特定情景中其他因素的影响，于是就造成情景限定，从而影响人的行为反应。Campbell（1963）强调指出了在解释态度与行为或一种行为和另一种行为的明显不一致时应考虑不同情境的必要性。他认为正是这种情景障碍给行为带来较高程度的困难。此时，态度预测行为的准确性降低。即便是特定的态度也不能保证它能决定人在特定情景中的行为。在有他人互动的场合、群体压力的场合或参照群体的场合，均可出现个体与他人对立态度尤其弱型态度与行为一致性关系的弱化（Rrabow，1987；Terry&Hogg，1996）。显然，强有力的情景形成的压力是能够影响和决定一个人的外显行为的。

态度预测行为的理论困难，首先来自对态度理解的分歧。在社会心理学中，当谈到态度时就是指社会态度，因为态度的对象都具有社会性。[①]态度作为社会心理学的核心概念之一，有着许多不同的定义。G. W. 奥尔波特在《社会心理学手册》中论述态度问题时，给态度下过一个经典的定义。他认为，"态度是这样一种心理的神经的准备状态，它由经验予以体制化，并对个人心理的所有反应过程起指示性的或动力性的影响作用"[②]。这个定义使当时的社会心理学界耳目一新。在他之后，研究者对态度概念做过各种规定，但是，基本上都是对他的概念做具体解释或对态度的构成做结构分析。

到目前为止，社会心理学家对态度的概念还有着各种不同的具体理解，但绝大多数人都同意，态度包含认知、情感和行为意向三种构成因素。据此，本研究综合时蓉华主编的《社会心理学》一书中对态度的定义："态度是由认知、情感、意向三个因素构成的、比较持久的个人的内在结构，它是外界刺激与个体反应之间的中介因素。"[③]和沙莲香主编的《社会心理学》中态度的定义："所谓态度，是指人们对一定对象相对稳定、内部制约化的心理反应倾向。"[④]还有学者提出另一个具有操作价值的态度定义，认为"态度是人们内在的、对特定事物所具有的持续稳定的评价和情感"。先前对态度的实证研究基本上是按照这一定义进行的。研究者都试图以对特定对象的评价或评价的言语报告为基础来探讨态度的机制及其对行为的预测。但是晚近研究提出了态度的构成要素、各要素之间的组合关系、态度结构的变化以及分化等新观点，不断提示态度与行为的关系除受评价特性影响外，还与态度结构及其心理机制和外部条件状况的复杂因素有关。因而被试者在测量中所报告的态度往往不能代表其真实的态度。这反映迄今为止有关态度的实证性研究在方法的效度上还存在缺陷。

纵观上述态度与行为关系的预测因素的分析，我们看到随着态度的理论以及实证研究的深入，新的观点或发现扩展了态度研究的范围，把先前

① 时蓉华. 社会心理学[M]. 上海：华东师范大学出版社，2006：231.
② 沙莲香. 社会心理学[M]. 2 版. 北京：中国人民大学出版社，2006：239.
③ 时蓉华. 社会心理学[M]. 上海：华东师范大学出版社，2006：231.
④ 沙莲香. 社会心理学[M]. 2 版. 北京：中国人民大学出版社，2006：211.

难以把握的态度预测行为的因素分析向前推进了一步。但是困扰研究者的是，许多新成果尚存在矛盾和不确定的尴尬。

二、态度的构成要素

1. 一般态度构成简说

在论述信任态度概念时，我们知道态度作为一种心理反应倾向，有着多层的构成要素。其中，社会心理学家霍夫兰（C. I. Hovland）和卢森堡（M. J. Rosenberg）提出的态度三要素说具有典型代表性，它动态地图解了态度内在结构特征（见图 2-1）。其主要观点是，态度是按照一定的方式对特定对象的预先反应倾向。这种预先反映倾向由三种要素过程：情感、认知和行为意向。态度是刺激（态度对象）与反应（生理的、心理的、行为的反应）之间的媒介变量，刺激和反应分别为可测的独立变量和从属变量。[①]这种态度三要素说将奥尔波特的概念明晰化为情感、认知和行为意向三个成分，使人们更加认识到态度是一个复合的而非单一的心理过程，其提出的三种变量及其相互关系有利于态度测量和态度控制方面的研究。

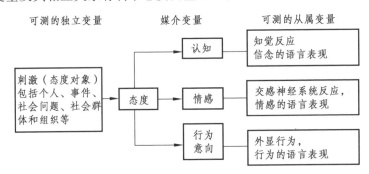

图 2-1 霍夫兰和卢森堡"三要素说"图示[②]

这三个因素的具体内涵及其相互关系为：（1）认知因素，它规定了态度的对象，是指人们对外界对象的心理印象，包括有关的事实，知识和信念，它是态度其他部分的基础。态度的认知成分常常带有评价意味的陈述，

---

① 霍夫兰. 社会心理学[M]. 广州：广东教育出版社，1988.
② 沙莲香. 社会心理学[M]. 2 版. 北京：中国人民大学出版社，2006：211.

即不只是个体对态度对象的认识和理解，同时也表示个体的评判，赞成或反对。（2）情感因素，是指人们对态度对象肯定或否定的评价以及由此引发的情绪感情，如尊敬和鄙视、喜欢和厌恶、同情和冷漠等。情感成分是态度的核心与关键，情感既影响认知成分，也影响行为倾向成分。（3）行为意向因素，是指人们对态度对象所预备采取的反应，即行为的准备状态。行为意向因素会影响到人们将来对态度对象的反应，但意向还不是行为本身，而是做出具体行为之前的思想倾向。

一般说来，态度构成的三个要素是相互协调一致的，如果出现了矛盾和不协调，则个体会采用一定的方法进行调整，重新使它们三者恢复到一致协调的状态。当然，这三者的协调一致也只是相对而言的，在一定程度上它们之间往往存在着程度不一的不协调状况。当三者发生矛盾时，情感因素往往起着主要的作用。此外，认知、情感和行为意向这三个要素之间的关联紧密度不尽相同。已有的研究结果表明，情感和行为意向的相关度高于认知与情感、认知与行为意向的相关程度。在这三个要素中，认知成分的独立性要更高些，与其他两个要素之间相互影响相应也较小。还有就是，情感成分的地位和作用是十分重要和表现明显的。

2. 信任态度构成要素分析

通过上文对态度含义的界定，可以清楚地看到，信任态度由三部分构成，即对信任的认知、情感和行为意向。笔者已对态度的一般构成因素意涵及其相互关系做了较为详细的分析，信任态度虽然作为一种特殊的态度形式，但在构成因素上与一般态度没有太多的差异，只是具有了特定的态度指向对象而已。我们可以用图 2-2 来表示信任态度构成。[①]因而，我们认为信任态度是指信任主体对信任这一行为或现象的相对稳定、内部制约化的、评价性持久的心理反应倾向，由对信任这一社会行为或现象的认知、情感和行为意向构成。

---

① 在这里需要说明一下，信任在社会心理学家眼里本身就是一种态度。本研究提出的信任态度在某种意义上信任作为一种"社会事实"的属性。人们不仅自身有信任的心理状态，更有对作为一种社会事实的信任的基本态度。

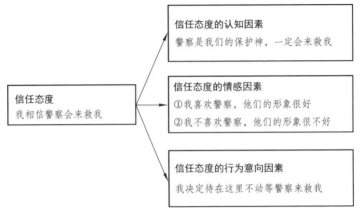

图 2-2 一个信任态度的系统

三、社会行为与信任行为

行为一词是我们日常生活最常用的词之一，可以说，我们每个人的生活都是由一个个微小的行为构成的。在社会心理学中，所研究的行为与态度一样，一般是指社会行为，而不是单纯的个人行为。社会心理学主要是依据行为的后果对行为进行划分，即亲社会行为——对社会或他人有益的行为，如利他行为和反社会行为——对社会有害的行为，如侵犯行为。[①]毫无疑问，信任行为也是一种社会行为，进一步说，是一种亲社会行为，因为它有助于社会的和谐和沟通。

在社会学中，对社会行为的精辟论述不能不提及韦伯的观点。韦伯在《社会学的基本概念》中对社会行为是这样定义的："行动者以他主观所认为的意义而与他人的行为相关，即以过去的、现在的或将来所期待的他人的行为为取向（如对过去所受侵犯进行的报复，对现在受到的侵犯进行防御以及为防止未来遭受侵犯采取的防卫措施）。"[②]韦伯将社会行为划分为四大类，即传统取向的行为，情感或情绪取向的行为，价值合理取向的行为和目的合理取向的行为。而信任作为一种行为本身，就是一种社会行为。董才生在对韦伯社会行为理论分析之后，认为信任"是一种极为重要的社

---

① 侯玉波. 社会心理学[M]. 2 版. 北京：北京大学出版社，2007：61.
② 杨善华，谢立中. 西方社会学理论：上卷[M]. 北京：北京大学出版社，2005：180.

会行为或社会现象"。具体来说，"信任是一种以他人能作出符合社会规范的行为或举止的期待或期望为取向的社会行为"。①

笔者在梳理信任研究的文献过程中，发现信任研究的学者对信任界定的取向与韦伯对社会行为的类别划分有着很大的理论耦合性。如认为信任是一种情感行为、传统价值的发生的行为、行动者的一种理性行为等。笔者以为，这是由信任本身样态的复杂性导致的。当学者从不同的角度审视信任时，信任也就有了什么样的属性。因此，信任包含着的近乎矛盾的对立面使得研究者对信任行为也有着截然相反的看法。选择从哪个视角切入信任问题进行分析，将对研究的开展有着决定性的影响。

1. 信任行为结构

依据信任关系结构模型图，A 和 B 为两名信任行为主体，他们由于信任关系内容（N）而发生互动，形成一种信任（或不信任）关系。A 和 B 之间能否彼此信任，取决于非常复杂的多种因素和条件，我们将其分为两大类型，其一是 P 代表影响信任关系形成的 A 和 B 所分别具有的微观环境；其二是 E 表示 A 和 B 所处的宏观环境。因此，信任主体 A 和 B 的信任行为（Bt）可用如下公式表示：

$$Bt^② = f(P, E, N) \qquad (2\text{-}1)$$

公式（2-1）表示信任主体间信任行为是双方的主观因素与其所处环境的函数。由于影响信任行为产生的主、客观因素都非常多，因而这个函数是一个多元函数，表明信任行为的产生是一个非常复杂的问题。

2. 信任行为的特征

尽管在学术研究中，人们对"信任"本身有多种多样的考察角度，但在实际生活，"信任"一旦呈现出来，它就是信任行为。信任行为在我们日常生活中确确实实存在，并对社会交往和经济发展起着极为重要的作用，这为各个学科的研究者所公认。因此，对信任行为的探讨，就必须回答这

---

① 董才生. 信任本质与类型的社会学阐释[M]. 河北师范大学学报（哲学社会科学版），2004（1）：42.

② 这一公式来源于著名美国心理学家勒温（Lewin）的行为公式 $B=f(P, E)$，公式中 P 代表人格（Personality），E 代表人所处的环境（Enviromment）.

样一个问题：社会为什么需要信任这样一种行为的存在？或者换另一种问法就是：信任行为的特征是什么呢？在本质上，这两个问题是一样的。回答了后一个问题，那么就可以从中窥探出第一个问题的答案了。这是因为后者是对前者进一步的追问而生发的。

郑也夫在《信任：溯源与定义》一文中，对信任关系性质的论述仍属精辟，为很多研究者所引用。他认为，信任关系有三点特性：其一，言与行、承诺与兑现之间存在时间差，和信任者与被信任者之间存在着某种不对称性；其二，不确定性，存在着一定的风险需要应对；其三，由于没有足够的客观依据，信任属于主观的倾向和愿望。[①]这三点总括了信任作为一种社会关系的属性，仍不属于信任行为本身的特征。之所以特意提到郑的研究，是因为这对信任行为的基本特征有着很大的启发作用。信任行为本质上就含有与他人互相信任的关系。

根据上文对信任行为概念的梳理和界定，作为一种特殊社会行为的信任行为的有以下特征[②]：（1）社会性。信任这种社会行为是以对他人未来的行为或举止的期待为取向的行为，又是在人与人之间的互动、人与人之间的社会交往过程中培育、产生、增强、扩展的，体现了人与人之间的一种社会交往关系或联系。因此，它是一种具有社会性质的行为。（2）可理解性。信任这种社会行为在主观意义上是以别人的举止或行为为取向的，具有针对他人的主观意义。因而，是可以理解的行为。对于信任这种社会行为我们可以通过理性去理解，也可以通过感性去体验。（3）合规范性。信任这种社会行为是以他人未来的符合社会规范的行为或举止的期待为取向的，它本身也应该是符合社会规范的。在一般意义上，社会规范包括习俗、道德、宗教、法律等。因此，信任就是符合习俗、道德、宗教、法律这些社会规范的社会行为。（4）简化性。人与人之间的关系，随着社会的发展呈现出越来越复杂的性质。信任这种社会行为就是为了减少人与人之间互动和社会交往中的复杂性而做出的。因此，它具有简化人际关系复杂性的功能。（5）风险性。信任这种社会行为是以对他人未来行为或举止的期待

---

① 郑也夫. 信任：溯源与定义[J]. 北京社会科学，1999（4）：123.

② 董才生. 信任本质与类型的社会学阐释[J]. 河北师范大学学报（哲学社会科学版），2004（1）：42.

为取向的，未来的行为或举止与信任这种社会行为之间存在一个时间差和空间差，即所谓的时空缺场。时空缺场加上人类的理性的有限而导致的信息不对称，使得信任这种社会行为充满了风险。

3. 信任行为的类型

实际上，从任何一个角度来研究信任，都会产生一个信任行为类型的划分。信任自身的多样态性使得研究不可能单从一个角度就能穷尽信任行为的所有类型。如果是那样，"信任"就不可能成为一个问题从而也不可能成为各学科聚焦研究的重点。笔者以为，从信任研究的学科路径的角度对信任类型的划分进行梳理无法很好地把握信任行为的实质特征。另外，在本研究中，信任行为作为与信任态度相对应的概念，对信任行为类型的划分需要考虑到信任态度形成的原因，从而在研究的分析逻辑的构建上保持一致。因此，本研究将以影响信任态度的基本因素为出发点，对信任行为进行类型的归纳。

根据已有的研究，我们可以把信任行为的类型分为以下几个大类：①

（1）基于人格的信任行为。我们知道社会个体人格在信任态度形成中有着重要影响。研究信任的心理学家认为，当婴幼儿从自己善意的看护人那里寻求并得到帮助的时候，信任他人的一般倾向即由此产生。罗特指出，基于人格的信任是根据个人早期生活经验推断而来的一种完全稳定的信念。由此，我们可以认为，基于人格的信任是信任行为的一种重要类型。

（2）基于情感的信任行为。麦克埃利斯特（D. J. McAllister）指出，经过较长时间的持续交往，在回报对方关心的基础上，信任方和被信任方会形成感情的纽带。在此基础上形成的信任关系就有了情感色彩，故而学者们称这种信任类型为"基于情感的信任"。

（3）基于认知的信任行为。布莱沃（M. B. Brewer）、麦耶森（D. Meyerson）等一些学者认为，基于认知的信任取决于短时间内发生的认知线索或第一印象，而不是个人的相互交往。无疑，这种对基于认知的信任的看法是较为狭隘的。

---

① 向长江，陈平. 信任问题研究文献综述[M]. 广州大学学报(社会科学版), 2003
（5）: 40.

（4）基于知识的信任行为。霍姆斯（J. G. Holmes）和赖卫凯（R. J. Lewicki）认为基于知识的信任来自信任方与被信任方的反复交往。当一个人通过与他人交往的体验，积累与信任有关知识的时候，信任就会随着时间而得到发展。

（5）基于计算的信任行为。这主要是经济学家提出的信任类型。达斯哥普塔（Dasguputa）、威廉姆森（Oliver. E. Williamson）等认为，信任是理性行动者在内心经过成本收益计算的风险子集。基于计算的信任在重复博弈的模型的推导下，得出人们在追求长期利益能够导致相互之间的信任。

（6）基于制度的信任行为。它是建立在非人格的法律制度和社会规范基础上的行为。制度的保障增强了可控的感知，降低了知觉风险，是信任形成的一个重要机制。

上面六种信任行为类型的划分主要是依据信任生发的依据而定的。从中我们也可以发现不同学科的旨趣。不同学科认定的信任生发的源头是不一样的，例如，心理学认为信任是个人的一种特殊的人格特质，是内在于人自身的态度，因而信任行为是个体单方的期待；而经济学家则认为信任是重复博弈的结果，是利益最大化的产品，因为相互的信任行为有助于各自实现利益最大化，个体单方的信任行为被视为一种"乌托邦契约"。

当然，对信任行为的划分还有很多方式，如从信任的主客体角度划分，信任可分为个人对个人的信任、个人对政府的信任、政府对个人的信任、政府对其他机构的信任、国家对国家的信任（国际信任）等；从信任的内容划分，信任可分为对品德的信任（包括对个人和政府机构品德的信任）和对能力的信任（包括对个人或政府机构的能力的信任）等；从信任的发展阶段来划分信任可分为计算性、知识性和认同性信任等；从信任建立的依据来划分信任可分为制度信任（系统信任）和非制度信任等；从信任建立的真实性来划分信任可分为现实社会中的信任和虚拟社会中的信任等。

在本研究中，笔者将信任的构型划分为信任态度与信任行为两个维度，有助于摆脱信任本身复杂性带来的概念不清所产生的各种争执，从而避免陷入一种对信任属性太过绝对的判定。具体到本研究，信任行为作为信任态度相对应的概念，是指在现实生活中信任主体对信任客体做出的可以感知和观察到的实际的授予信任的行动。它有别于信任态度构成的信任行为意向。

第三节　信任态度与信任行为关系模型建构

通过对态度与行为关系一般化理论的简介，我们知道，尽管态度与行为之间存在着非常紧密的关系，但要通过态度去预测行为需要考虑到非常复杂的中介因素。信任态度与信任行为关系作为一种特殊的态度与行为的关系，也不可能逃脱这个一般性的理论。由此，我们可以认为，信任行为的发生在很大程度上受到信任态度的影响，但这不足以使用信任态度直接去断定信任行为的发生。

一、态度与行为关系的理性模型的发展

最具影响力的态度 – 行为关系的理论当属艾赞和菲什宾（Ajzen I & M Fishbein，1975，1980）提出的理性行动理论和艾赞在此基础上发展出的计划行为理论。图 2-3 为理性行动理论模型。理性行动理论认为，行为是理性思考的结果，在行为发生的过程中个体会考虑各种行为方案，评价各种结果，然后才做出行动与否的决定。最后的决定是行为意向的反映，它决定着是否有外显行为的发生。影响意向的变量有两个：一是指向行为的态度——即个人对某种行为会导致某种后果的信念以及对这些后果的评价；二是主观规范，即个体对自己在乎的人赞成或不赞成某行为的感知。如果指向行为的态度和主观规范的两个变量是一致的，如都是积极的，那么行为意向也是积极的。如果两者不一致，那么个体意向就取决于两个变量相互作用的强度，或取决于其中相对更占优势或更重要的那个变量。

理性行动理论不再简单地用态度决定行为的路线来解释态度与行为的关系，而是用行为意向，即是否决定用特定方式动作作为中介变量来解释行为，其中，态度就变成了行为驱动的一个环节。这与传统的试图发现态度决定行为的简单模型相比，理性行动理论无疑有了实质发展。在各种应用性研究中，用这一模型也很好地预测了行为。加之这个模型相对简洁明了，故而得到了众多心理学家的推崇。

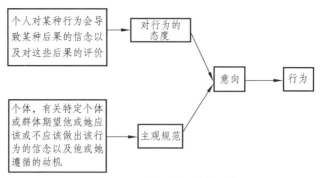

图 2-3　理性行动理论模型[①]

但是在现实生活中，行为的发生机制和态度在行为过程中的作用远比理性行动理论论述的要复杂。伊格利等人（A. H. Eagly & S. Chaiken，1998）在《社会心理学手册》（D. T. Gilbert）中概括出了一个基于理性行动理论的综合理性行动模型（见图 2-4），其中系统地列出了理性行动理论没有涉及但可能对行为发挥作用的外部因素。

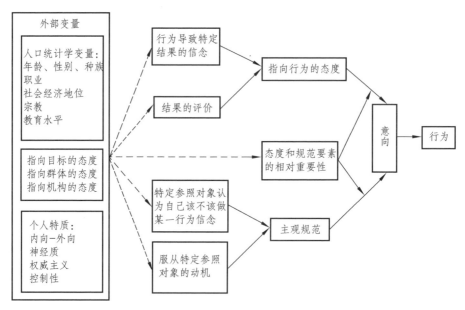

图 2-4　合理性行动模型示意图[②]

---

① 金盛华. 社会心理学[M]. 北京：高等教育出版社，2005：91.
② 金盛华. 社会心理学[M]. 北京：高等教育出版社，2005：92.

二、信任态度与信任行为关系模型的构建

上文对信任行为特征的阐述，使我们知道信任以复杂的样态深深嵌构在社会经济乃至文化规范之中，而信任本身兼有态度与行为的双重维度，其社会性特征极为突出。因此，相比一般的态度与行为关系的因素，无疑信任态度与信任行为关系中社会性因素的影响将更为显著。但要通过信任态度去预测信任行为需要考虑到众多的复杂因素，其中情感是最重要的因素之一。这点我们将在后文中详加阐述。如果简单地通过对信任态度的测量来预测信任行为，可能存在很大偏差，特别是信任本身具有其他现象所没有的复杂样态和形构。为此，笔者在态度与行为的综合理性行动模型的基础上，借鉴情感社会学的研究成果，构建了一个信任态度与信任行为的关系模型（见图2-5）。

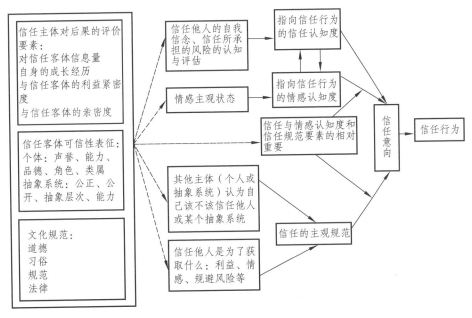

图 2-5　信任态度与信任行为关系模型示意图

由模型图可知，对信任态度与信任行为的关系研究有两条路径。一条路径是：信任认知和评价—信任认知度—信任意向—信任行为；另一条路径是：情感状态—情感认知度—信任意向—信任行为。前一条路径通常是

被心理学家所采用的研究线路，而后一条路径则逐渐被社会学家所接受。本研究正是借鉴这两条线路的研究成果来展开研究的。

对于这个模型，笔者要做三点说明：其一，这个信任态度与信任行为的模型主要的向度是从信任态度指向信任行为的。也就是说，我们通过信任态度预测信任行为发生的时候，需要考虑到各种因素；其二，影响信任态度与信任行为的诸种因素并不是单独起作用的，更可能是这些因素以复杂的机制纠结在一起，形成一个合力场，影响着信任态度的信任行为意向，在一定的情境空间诱发或阻滞信任行为的发生。因此，要充分理解信任态度与信任行为的关系，还要进一步厘清这些影响因素之间相互作用的机制。在这个模型中，我们在这方面也没有得到很好的体现，而是直接将其看成是一个整体，忽略了这些因素本身存在相互作用的可能，从而消减了这个理论模型的洞察力；其三，需要强调的是，信任态度与信任行为作为一种特殊态度与行为的形式，其本身的社会性更为明显，因此在信任意向的形成的重要性方面，外在于信任主体的信任客体属性特征和信任文化规范占据着优势。也就是说，从信任态度去判定信任行为发生的可能性时，要更加在意社会的结构语境以及人们互动的情境。王飞雪、山岸俊男的研究结论很好地印证了这点说明。

第三章　情感与信任关系

第一节　情感概念的界定

一、情感、情绪和感情的概念辨析

纵观有关心理学的文献可以发现，人们把区别于认识活动、有特定主观体验和外显表现,并于人的特定需要相联系的感性反应称为感情(affect);感情是标示这一感情状态和反应的普通的概念。它一般包含着情绪和情感的综合过程，既有情绪的含义，也有情感的含义。情绪代表着感情性反应的过程。也就是说，感情性反应作为心理活动的过程，用情绪这一术语来表示。情感经常被用来描述社会性高级感情。一般认为，具有稳定而深刻社会含义的感情性反应叫作情感，它表示感情的内容，多是一种体验，如描述对祖国的热爱、对美的欣赏，以及对人的羡慕与嫉妒，羞愧与负罪感等所蕴含的深刻的体验感受。因此，作为标示社会内容的情感，其含义着重于对事务的意义体验。无论对于动物或人类，凡感情性反应发生时，都是脑的活动过程。从这个意义上说，情绪术语既可用于人类，也可用于动物。然而把情绪概念限定为它只同有机体的生物需要相联系，恐怕就不准确了。因为人类的需要也是受社会历史影响的。人类在高度发展的社会规范条件下，其生物需要含有丰富的社会内容，不可与动物的需要相等同。在心理学中情绪、情感与感情是有明显的区别的，其概念的内涵和外延完全不同。

什么是情感？"让人惊讶的是，对这个问题几乎没有任何定义性的回答。"[①]关于情感的定义各个学者都有自己的看法，很难形成一个统一的认识。因为现在有多种研究视野关注情感，可以说有多少种研究取向，就有

---

① 特纳，斯戴兹. 情感社会学[M]. 上海：上海人民出版社，2007：8.

多少种对这一问题的回答。历史学家史华罗提出："情感是人类集体意象的反映，通过人类行为得以表达，并将人类行为合理化。因此，情感是与特定社会的独特文化密切相关的一种社会现象，情感既由特定社会的文化所塑造，又反过来影响特定社会的文化面貌和文化进程。"①心理学家大多给出情绪的定义，依据不同的学派来反映其特点和关系。例如，阿诺德的定义为："情绪是对趋向知觉为有益的、离开知觉为有害的东西的一种体验倾向。这种体验倾向为一种相应的接近或退避的生理变化模式所伴随。"（Arnold，1960）。拉扎勒斯的定义："情绪是来自正在进行着的环境中好的或不好的信息的生理心理反应的组织，它依赖于短时的或持续的评价。"（Lazarus，1984）。学者杨（Young，1973）给情绪下的定义为："情绪其源于心理状态的感情过程的激烈扰乱，它同时显示出平滑肌、腺体和总体行为的身体变化。"我国心理学专家孟昭兰（1989，1994）把情绪描述为："情绪是多成分组成、多维度结构、多水平整合，并为有机体生存适应和人际交往而同认知交互作用的心理活动过程和心理动机力量。"按此定义来看，情绪有如下特性：（1）情绪是多成分的复合过程，其成分包括内在体验、外显表情和生理激活三种成分；（2）情绪具有多维量结构，一般分为相似性、对立性和强度三个维量（Plutchik 多维量表）；（3）情绪是生理和心理多水平的产物。这样的定义描述既展现了情绪的功能，又囊括了情绪的结构，同时对情绪这一独具特色的心理现象做出解释，为以后的研究创造了依据。

社会学家则完全不同，社会学对情感进行研究时都不太注重给情感明确的定义和界限。从社会学视角来看，情感包括以下成分：（1）关键的身体系统的生理激活；（2）社会建构的文化定义和限制，它规定了在具体情境中情感应如何体验和表达；（3）由文化提供的语言标签被应用于内部的感受；（4）外面的面部表情、声音和副语言表达；（5）对情境中客体或事件的知觉与评价。然而，情感出现时，并不必然意味着这些成分同时存在。例如，有时，无意识的情感记忆可以激活生理系统而人们没有意识到他们

---

① 史华罗. 中国历史中的情感文化——对明清文献的跨学科文本研究[M]. 林舒俐，等，译. 北京：商务印书馆，2009：译者序.

的情感反应；有时，人们还会抑制他们的情感被唤醒，使自己不体验到这种情感或者是不让他们发现。

由于生物、认知和文化建构没有一种可以单独解释情感的体验和表达，社会学研究取向注重将三者结合的构建途径，但是在实际研究中却是有所侧重的，并没有包括我们对情感的全部认识。比如戈登把情感定义为感觉、表现性姿势和文化意义的一种从社会角度建构的模式，该模式是围绕着一个社会对象——通常是另一个人的某种关系而加以组织的。霍克希尔德认为情感是一个映象、一种思考、一段记忆与身体的合一，一种个体所意识到的合作。①马贝尔·布雷津把情感界定为四个共同特点：第一，情感是一种生理而非心理状态；第二，情感是人类天性中的组成部分，并以此推理情感也是社会生活的一部分；第三，情感不是文化，反之文化亦不是情感；第四，信任和风险属于感觉而非情感。并以此为基点阐明她自己的情感思路。国内社会学界对情感社会学研究最有成就的，当数广东商学院的郭景萍教授。郭景萍在专著《情感社会学：理论·历史·现实》中首先对情感概念做出了社会学规范性的界定，定义情感为"主观社会现实"，即情感既包含个人意义的主观体验，又包含社会力量的现实性。依据这一精确的定义，确定了社会学研究情感的理论范式和实证视角。进而把情感概念"情感状况的主观社会现实性"操作化为四个基本维度：情感价值观，情感行动取向，情感社会关系，情感社会行动。前两者是测量情感状况主观性的维度，后两者是测量情感状况现实性的维度。每一个维度下面，又分解为更为具体的指标。郭景萍构建了合适的问卷量表，通过实证调查，以活的情感实践经验来充实和验证情感社会学的理论框架。

从学科的一般意义上来讲，心理学关注情感的产生的个体过程，社会学则把人置于一定的背景之中，考察社会结构和文化如何影响个体情感的唤醒和变化过程。本研究沿用特纳的方式，用"情感"这个术语囊括理论家和研究者所使用的其他一些词汇——情绪、情操、感情、情感体验等所标签的现象。

---

① 王鹏，侯钧生. 情感社会学：研究的现状与趋势[J]. 社会，2005（4）.

当作了如上的分析之后，现在回到情感的定义上来。实际上，任何定义都不一定十分完善。定义的作用应当是方便于研究，为研究者提供认知的方向，但它也会随着新发现而改变。依据本研究的主题，我们认为，情感是与信任既相互作用又有区别的。情感首先是一种生理状态，先于感觉信任的发生，同时情感又是人类天性的组成部分，它们之间的关系不可分离，相互作用、相互制约，因此，我们把情感定义为是人际交往的心理活动过程和心理动机力量，是构成信任关系态度模型的三要素之一，在信任认知和行为意向的共同作用下决定人们的行动。

二、情感的种类和特性

1. 情感的种类

在日常互动中，人类能够很容易地解释和运用约 100 种情感技能。多种情感能够以特定的方式推动人们对他人和情境做出反应。从这个意义上来说，情感是一种动机力量，因为它们不仅使人们的主观体验有序，而且赋予人们以力量，指导行动的方向。情感作为动力力量可以从效价上粗略地划分为积极和消极。我们一般把情感分为基本情感和次级情感两个类别。

基本情感：情感具有普遍性。这些情感被称之为基本情感。意味这是其他情感的核心或基础。我们通常把高兴、恐惧、愤怒和悲伤作为人类普遍的情感。这四种情感有三种是消极情感。消极情感占优势，表明人类对引发消极情感的线索给予更多的注意，这或许是因为消极情感暗示了抵制危险和做出反应。我们选取特纳在基本情感方面的研究成果，基本情感具有高、中、低三种强度状态。特纳根据基本情感的变化提出了区分基本情感的四种维度和三种强度水平（见表 3-1）。

表 3-1　基本情绪的变化形式表[①]

	低强度	中等强度	高强度
满意—高兴	满意，平静，感激	雀跃，轻快，友好，享受	欢乐，幸福，狂喜，欢快，得意，欣喜，高兴

[①] 特纳，斯戴兹. 情感社会学[M]. 上海：上海人民出版社，2007：13.

	低强度	中等强度	高强度
厌恶—恐惧	利害，犹豫，勉强，羞愧	疑惧，颤抖，焦虑，惊恐，恐慌	恐怖，惊骇，高度恐惧
强硬—愤怒	苦恼，激动，恼火，不安，烦恼，怨恨，不满	冒犯，敌意，愤怒，憎恨，仇恨，生气，气急败坏	讨厌，厌恶，愤恨，轻视，火冒三丈，狂怒，勃然大怒，义愤填膺
失望——悲伤	气馁，伤悲，感伤	沮丧，悲伤，伤心，阴郁，忧伤	悲痛，悲苦，痛苦，悲哀，苦闷，闷闷不乐，垂头丧气

次级情感：源自基本情感的混合情感。特纳的研究表明，在社会互动中，一些重要的情感是次级情感，这个观点超越了基本情感联合观。表3-2为三种不同的基本情感以不同的比率混合，产生了两种最重要的社会情感：羞愧和内疚。恐惧在羞愧中发挥着更显著的作用，而愤怒在内疚中发挥更显著的作用。

表3-2 次级情感表①

次级情感	基本情感的等级		
	1	2	3
羞愧	对自我失望—悲伤	对自我强硬—愤怒	对自我造成的结果强硬—恐惧
内疚	对自我失望—悲伤	对自我造成的结果强硬—愤怒	对自我警觉—愤怒

2. 情感的特性

（1）情感是人类天性的组成部分。

情感是人类天性的组成部分，并以此推理，情感也是社会生活的一部分。查尔斯·达尔文曾经做过经典性的论述：即使是动物也有情感。从十八世纪开始的对人类天性的经典研究表明，情感和爱的缺失是道德和社会的死亡。情感与宗教、道德和人性的联系之所以持续到今天，是因为情感

---

① 特纳，斯戴兹. 情感社会学[M]. 上海：上海人民出版社，2007：17.

依然是道德哲学和心理学的研究范围（例如，DeSousa，1980；Middleton，1989；Pizarro，2000；D'Arms and Jacobson，2000；Greenspan，2000；Nussbaum，2001）。情感的拥有是自然而然的事情，而情感调控则是社会性的。一个没有情感的人完全处于平静安宁的状态中。虽然个人可能不愿意生活在持续的情感波动当中，但是完全的平静（经济学家和理性选择理论家的理想）将同样是功能失调的。经济学家罗伯特·弗兰克[①]（1988，1993）认为，情感是理性的。他的这种判断以一个隐含的假设为依据，即社会平衡削弱了而不是加强了社会和经济的创新性，具有创造力（如革新性、生产性）的社会和经济行动者往往借助其激情而非理性。[②]

（2）情感的生理维度。

首先不能否认的是情感包含着生物成分。现代神经科学实验已经证明：客观事物或环境作用于人的感官，引起感官的神经兴奋，神经冲动沿感觉神经传入中枢神经系统而后通过处理的信息达到丘脑，引起包括丘脑在内的边缘系统一部位活动，在皮下中枢的协调下产生有主观体验色彩的情绪或情感。生理学家詹姆士把情感看作是生理对各种刺激的反应而非内在自生。他认为，情感产生于生理的过程，由躯体变化所构成，而人的躯体变化则是直接对外界事物反射的结果。这样，生理过程先于情感状态，即所谓"先哭而后悲伤"，而不是"先悲伤而后哭"。社会学家谢弗、科林斯、霍赫希尔德、肖特和肯帕接受了詹姆士的思想，认为情感是由个人运用各种情感符号而限定的一些生理唤醒状态。这种观点承认外界刺激的作用，只不过认为情感是对外界的间接反应，因为中间经过了躯体变化，而且躯体的变化是先于情感反应的。神经科学家[③]Antonio Damasio（1994，1999）作为最著名的一位理论学者之一，其很重要的一个观点就是：情感首先是生理感受，之后，这种感受才被我们表达为一种认知。而认知，作为情感

---

① 斯梅尔瑟，斯威德伯格. 经济社会学手册[M]. 罗教讲，等，译. 2 版. 北京：华夏出版社，2009：128-148.

② 斯梅尔瑟，斯威德伯格. 经济社会学手册[M]. 罗教讲，等，译. 2 版. 北京：华夏出版社，2009：128-148.

③ 斯梅尔瑟，斯威德伯格. 经济社会学手册[M]. 罗教讲，等，译. 2 版. 北京：华夏出版社，2009：128-148.

的第二步，是文化、历史和制度领域发挥的结果。我们把情感作为一种生理状态来体验，例如，高兴、哭泣、恶心，甚至免疫疾病，都会在情绪上有所反映。情感的生理体验，从本质上来说，不同于情感的理解（认知）和我们对经历的情感做出的回应性行动。布雷津认为，情感是一种生理状态，提醒研究者们重视情感的生物基础。这种观点回应了近年来心理学研究情感的主导取向——认知取向强调评论对情感的影响作用，也就是说只有主体对客观情境给予评价后才会产生情感。社会科学家却总是混淆它们之间的界限，结果弱化了争论的力量，因为它绕开了情感的生理维度。

第二节　情感社会行动理论

一、情感社会学视域

1. 社会学情感理论

社会学研究情感时，一般关注以下几个核心问题：情感怎样影响自我？情感怎样塑造互动的过程？情感依恋怎样形成？人们是怎样对社会结构与文化产生承诺的？情感怎样保持和改变社会结构和文化符号？社会结构和文化符号怎样限制情感体验和表达？在回答这些问题的过程中，产生了多种多样的理论研究取向。特纳把这些理论划分为七类：① 拟剧与文化情感；② 理论情感仪式理论；③ 符号互动理论者的情感理论；④ 具有心理分析成分的符号互动理论；⑤ 情感交换理论；⑥ 情感社会结构理论；⑦ 情感进化理论。

2. 情感行动

情感行动是社会学关注的核心概念。情感行动指的是赋予一定情感意义的社会行动。它是一种外显变量，是可以被直接观察到的情感活动和情感反应，如个人喜怒哀乐的表现，群体亢奋的狂欢活动。一般来说，情感行动通常受社会情境和情感意向的影响，同时，情感行动之间还存在着相互影响。情感行动的过程也就是情感社会互动的过程，这一过程主要包括的要素有：①情感主体，主要有个人、群体、组织、社区等。情感主体不同，情感行动的性质和特点也不同；②情感动机，即韦伯所讲的情感行动的主观意义，因而是影响情感行动的一种主观变量。不仅个体和群体具有意向性，而且组织、社区也具有情感意向性。例如，理念和价值观构成企业文化的核心：企业如果以人为本，就会关心员工，倾向于情感管理；企业如果以生产为中心，则关注生产效率，情感行动取向淡薄；③情感对象，指情感可能指向的不同关系者，或者是自我，或者是他人，或者是第三者（自然环境、社会环境等）；④情感行动的情境条件：宏观条件包括社会结构、社会关系、历史、文化等变量；微观条件指当下的即时情境，如社会情感行动的场域（包括时间和空间）、情感主体的心境、具体的行动资源、语言状况等。情感是体验，又是反应；是冲动，又是压抑；是内在的，但又总是通过外在行为表现出来。然而，要从人的情感行动中确定他是处于什么样的情感状态往往是不准确的。因为同一种情感可以引起不同的情感行为，而同一种情感行为又可以表达着不同的内心情感。

二、马贝尔·布雷津的情感社会行动理论

如前所述，心理学把情感视为认知的结果，社会学中把情感视为"社会行动"。然而，情感作为一种社会行动，是什么样的社会行动？这在不同的思想家那里有不同的见解。韦伯把情感行动看作区别于工具理性行为，是社会行动的理想类型之一；而在帕雷托那里，情感作为非逻辑行动是普遍存在和普遍起作用的；库利则把情感过程作为社会交往中的符号互动行动来研究；在涂尔干看来，集体情感是充满价值规范的社会行动，它们是维护社会稳定和促进社会团结的基础和纽带；舍勒则认定爱和恨等情感是充满伦理价值色彩的社会行动，它们是考察现代社会的基本切入点。

不管是韦伯还是科尔曼在论述社会行动时都预设了共同的前提：行动是"理性"的，行动的逻辑是遵循理性选择的，也就是所有的行动都基于理性选择理论。但是，他们都忽视这样一个事实：情感在解释行动的手段和结果时非常关键，人们在关于情感的讨论中经常低估行动的作用。马贝尔·布雷津在《经济社会学手册》中的《情感与经济》一文中提出了一种

情感社会行动理论。

马贝尔·布雷津提供了一个将情感嵌入社会及经济行动中的分析框架。基本假设是：个人和集体行动是社会分析的核心。社会学对于情感和经济的研究贡献将主要取决于它对情感和行动的策划能力。图 3-1 是一个学科分析路径的初步框架。

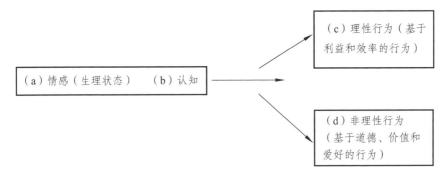

图 3-1　情感—认知—行动路线图①

从图 3-1 的分析路径可以看出，行为是分析路径的终点，也是我们关注的重点。行为又可以分为基于利益和效率的理性行为和基于道德、价值和爱好的非理性行为。情感是一种生理状态，是关于身体而非关于意识的。认识到这些，对情感与经济行为之间的关系理论化有着重要作用。情感的缺失是由于生理和经济生活的平衡状态被情感打破了，而正是在失衡与再平衡的过程中，社会经济生活出现了新意。

情感与认知的关系：关注情感的许多社会科学文献都把关注点放在认知领域。一些学者把情感视为一种不同于认知或意志的心理力量，认为情感与认识活动不同，具有独特的主观体现形式（如喜、怒、悲、惧等感性色彩），外部表现形式（如面部表情），以及独特的生理基础（如皮层下等部位的特定活动）。Arlie Hochschild②关于"情感规则"和"情感管理"的著作对于该领域以后的发展有巨大影响。认知的视角并没有完全认识到个

①　斯梅尔瑟，斯威德伯格. 经济社会学手册[M]. 罗教讲，等，译. 2 版. 北京：华夏出版社，2009：128-148.

②　Hochschild A R. Emotion Work, Feeling Rules, and Social Structure[J]. New York: American Journal of sociology, 1979, 85(3).

人有关于自身遵循的情感规则与情感管理的经验与生理知识。文化和认知毫无疑问是很关键的，但是情感的生理体验也很重要，文化和认知不断地协调情感和行动之间的关系。

从表 3-3 可知，在情感—认知—行为路径中，情感或认知都可能是研究的出发点，同时认知或行为（或者是理性的或者是非理性的）也都有成为研究的终结的可能。对情感、认知、行为三者的不同排列组合成为了不同的学科路径。未来和不确定性意味着，人可以有不同的行为路径。表 3-3 也表明了分析路径与学科研究的关系。

表 3-3　分析路径分解表①

分析路径	研究学科
a→b	当代神经科学
a→b→d	伦理学
a→d	激情，感性，兴趣
b→c；b→d	情感文化
a→b→c	理性选择（经济学与社会学）

上述分析路径是马贝尔·布雷津关于情感行动的研究成果。马贝尔·布雷津颠覆了理性选择理论却也继承了理性选择理论，他将情感（而不是理性）作为分析的出发点，用处理情感的不同方法为桥梁，最后到达对事件的解释，发展了理性选择结合微观和宏观的努力。马贝尔·布雷津是站在系统的高度来阐明情感研究的，其成果为本书带来了新鲜的观点。各个领域的社会科学家需要把情感的因素考虑在内，情感不仅是生理上的，也是心理上的，无论如何要把它们控制住。

三、社会学情感研究方法

研究方法是由研究对象确定的。情感既是一种内在心理现象，又是一种外在社会行动；即是一种经验变量，又是一种价值体验；既是一种先天人性的"习惯"，又是一种后天情境的"惯习"（布迪厄语）。既然情感表现

---

① 斯梅尔瑟，斯威德伯格. 经济社会学手册[M]. 罗教讲，等，译. 2 版. 北京：
华夏出版社，2009：128-148.

有多种可能和状况，因此对它的研究方法也有多种。根据研究的需要和内容，在情感社会学研究中运用如下研究方法。

1. 经验方法

我们应该在自然情境中考察情感。这要求我们运用定量的或定性的经验方法，收集和掌握情感的感性材料，在这个基础上探求情感的意义。基本的经验研究方法包括：观察法、实验法、统计分析法、问卷调查法等。由于情感作为一种复杂的社会事物也可以采用实证方法进行分析和描述。经验方法和调查方法在了解人们的外在情感行为方面比较有效，但用在了解人们身上活生生的内在情感体验时，却遇到一定的困难。情感研究中的难点之一就是：易于价值干预，难以客观。在严格的实验中所引起的情感状态带有突出的认为性质，即所谓"我看人看我"。任何情感都是一种关系范畴，往往牵扯到其他人，是一个比较敏感的话题，价值色彩比较浓，在调查过程中较难争取到别人的合作。因此，在情感研究中不能单凭实证技术，还要辅以一种理解社会学的研究方法。

2. 理解方法

社会学即是对社会行动作"解释性理解和因果性的说明"。对情感我们可以运用理解的方法。理解的前提条件是人们对其行动赋予某种"意义"，这种意义是行动者自身主观所认为的那种意义，因此，对情感的分析不是一种单纯寻求规律的过程，而是一种探求意义的过程。运用理解方法研究的目的，并不像量化研究一样旨在发现情感与事件之间的因果关系，而是要发现某一种情感现象里包含的生活事件及意义。我们之所以能够理解情感，不仅在于情感具有内在的意义，而且在于情感具有外在表现性。所谓情感表现性，就是指通过人的外表和行为的某些特征，可以把握到人的内在情感和动机，或者说，人体的外观和行为，表现了人的内在情感生活。

3. 现象学方法

现象学是指从现象内部对其意义进行解释和理解。现象学的研究侧重于本体论，提倡一种搁置概念、术语的方法还原复归到事物本身的面貌。已有社会学家将这种方法运用到情感的研究中。诺尔曼丹森的《情感论》，主要运用社会现象学和解释学观点来研究情感。丹森把情感社会现象学方法概况为五个方面：① 分解；② 捕捉；③ 还原；④ 建构；⑤ 上下文联系化——把情感放回到相互作用世界中从总体上去理解。

4. 发生学方法

皮亚杰把发生学方法运用到对人类个体认知结构的发生过程研究。他既不同意经验论的观点，也不同意先验论的观点，而认为认识的发生和发展是一个不断的建构过程。社会学家们把情感置于社会发展过程中，探求情感的心理根源和社会根源，如齐美尔在货币经济形成过程中考察现代人情感特质的变化，埃利亚斯从文明进程的角度研究人类情感的文明化，曼海姆在工业社会理想化过程中揭示情感实质性理性的丧失等。

5. 社会情境方法

这种方法倾向于客观的实证主义的运用，也倾向于主观的建构主义的运用。在实证主义看来，社会情境指在社会中的互动体系里，能够影响个人行为及经验的社会因素之整体。在这个范畴内，社会的情感环境包括以下几类：① 人际的情感环境；② 刺激的情感环境；③ 活动的情感环境。社会情境方法包括社会历史情境的方法与社会结构情境的方法两大类。在建构主义看来，社会情境主要由行动者主观定义，社会情境是人们情感行动建构的结果。社会情境定义的方法注重两个方面：一方面是文化的情感情境定义，即文化地建构起来的反映了特定情境的感情意义；另一方面是当下的情感情境定义，即当事人对当下情境的特殊情感反应。

四、情感的测量

情感的测量问题仍然是学界正在探讨的问题，至今没有形成一致的测量方法。近 30 年来，社会学家们已经做了大量的理论工作，产生了丰富的命题与假设。正如索伊斯所说的，情感领域已经从概念与观点发展的幼年阶段走进了理论细化与探索研究的孩童时期[1]。因为迄今为止，微观层次上某些理论已经非常细致，可以允许我们进行认真的假设检验了；而且情感

---

① 王鹏，侯均生. 情感社会学：研究的现状与趋势[J]. 社会科学报，2005（4）.

社会学家们也不得不直面测量与方法论的问题，这将直接影响到该领域的合理性与发展。国内社会学界最先探索情感测量问题的学者非郭景萍教授莫属。

郭景萍在其专著《情感社会学：理论·历史·现实》中把情感定义为"主观社会现实"，即情感既包含个人意义的主观体验，又包含社会力量的现实性。依据这一明确的定义，进而把情感概念操作化为四个基本维度：情感价值观，情感行动取向，情感社会关系，情感社会行动。前两者是测量情感状况主观性的维度，后两者是测量情感状况现实性的维度。每一个维度下面，又分解为更为具体的指标，构建了合适的问卷量表。

郭景萍认为，情感测量应是以群体而不是个体为对象，原因有三：其一，在分析某一情感状况的原因时便于从社会的角度分析。其二，个体的情感是不稳定的，带有很大的情境性。当个体的情感聚集为群体的情感时，我们才有可能确定某种情感状况的性质和样态；其三，个体与群体是不可分的，个体总是存在于一定的群体当中①。虽然每一个体的情感状况都不同，但情感状况可能集中在几个领域或分为几大类型，如家庭、婚姻、工作、人际关系等。这种分类比较适合群体的研究，也不会影响个别化原则。从此原则出发，郭景萍把情感概念界定为一种"主观社会现实"，为了把抽象层面的情感概念转化为经验层面的变量概念以便测量，进而展开定量研究，她把情感概念转化为可操作化的变量概念——"情感状况"。情感状况作为变量，具体描述的是"情感的主观社会现实状况"，由此包含两个基本的范畴或取值，一个是情感的主观性状况，一个是情感的现实性状况。前者又细分为情感价值观和情感行动取向两个维度；后者强调情感存在于"现实的"社会关系之中，分为社会情感关系、家庭情感关系以及工作情感关系三个操作化维度。情感状况包含着复杂的、多维的指标，是由一系列相互联系的子概念组成的综合体系。郭景萍把这些指标转变为问卷中提问的内容，共60个题目组成的指标，并以问卷调查的方式展开了实证研究，得出如下三个结论：

① 郭景萍. 情感社会学：理论、历史、现实[M]. 上海：上海三联书店，2008：356.

1. 关于社会信任关系

调查结果显示出我国社会交往中信任度较低，或信任多半局限于熟人圈子里，只是在非常狭小的圈子内尚存信任。这种状况与现实生活中的弄虚作假、坑蒙拐骗等大量"失信"的现象有关。另一方面，信任也在很大程度上受特定社会条件的制约和影响。由于中国社会的现代化程度较低，与发达国家相比，其社会生活在更大程度上仍然依赖于熟人间的信任，即主要基于一种人情性的信任。日久生情，熟是情的基础，人情、乡情、友情，都体现在熟人身上。熟，意味着信任、了解、知根知底。中国人形成了"在家靠父母，出外靠朋友"的社会信任情感关系架构。然而，信任社会恰恰又是建立在相信陌生人的基础上的。现代人所面对的世界就是陌生人的世界。我们必须与陌生人打交道才能展开自己的人生舞台。躲避陌生的世界，世界就会变得更陌生。人人防范，形成恶性循环，就会不可避免地陷入霍布斯所讲的"人与人像狼"的社会。当务之急是要进行良好的社会道德建设和法制建设，以构建讲诚信重信用的社会，消除人与人的防范之心。另外还需要加强人与人之间的沟通来增强理解，在信任的氛围中培育社会的爱心和同情心。通过调查，发现人们的基本情况（性别、年龄、文化程度、收入、居住地、对生活的态度等）对社会信任度有一定影响，由此推出不同群体社会信任度的差异。这表明了信任是一种社会情感现象而非个人的情感特征。例如，社会情感关系与收入水平、居住地的繁荣程度并不是正相关的。也就是说，我们要建立良好的社会情感关系和社会信任关系，取决于整个社会综合素质的提高，健全的法制，满足的生活，相对平等的社会环境，乐观的人生态度，以及公平、民主、富有效率的制度。这些因素都有利于增强人们的社会情感关系和信任感。

2. 家庭的感情结构和感情关系

核心家庭是现代社会家庭的普遍形式，这种家庭的感情结构和感情关系是一种由父亲、母亲和子女所构成的三角关系。三角关系中交织着夫妻之间、父子之间、母子之间复杂的动态关系。家庭中对父亲和母亲的角色定位延续了社会上对男性和女性的角色定位，所谓"严父慈母"。父亲是"理性化性格象征"，母亲则是"情感化性格象征"。父母这种角色定位是一个典型的主观赋予过程和社会化的结果。

家庭是人们最早接触也是接触最频繁的初级群体。纵向的家庭情感是亲子之间爱的交流，既包括父母亲对子女的关爱，也包括子女对父母的敬爱。父母对子女的爱最终会在孩子身上产生一些新的感情。家庭情感中，最重要的是孝，孝被看成是人人必须履行的天经地义的责任。"孝道"是中华民族的优良传统，儒家认为孝道是一切道德的根本。而佛家则把孝道当作成佛之道，除了奉养父母，孝顺的实质内涵是内心必须存着"恭敬"。这种敬爱之情，不仅是报答父母的养育之恩，而且蕴涵着对父母人格的尊敬。任何人的情感活动首先是与父母的接触开始的。人的情感遵循一种"差序格局"的过程，由自我和至亲开始，再推及其他人。因此，爱父母，方能爱他人。很难想象一个连自己父母都不爱的人，能够对他人有爱心。对父母之情尽管是情感的私人运用，但这种私情是伟大的，必然要扩充到对他人的爱这种对情感的公共运用，发展成为一种无私的普遍化的人类感情。

3. 社会情感关系

人们在共同活动中彼此为寻求满足各种需要会自然产生各种情感关系，因此社会交往是一种情感互动过程。人与人情感的相互依存关系是社会关系的基本特征。社会情感关系具有以下一些基本特点：

（1）社会性。人际情感交往本质上是社会的，是通过社会关系表现出来的属性。人们的社会关系多种多样，如经济关系、政治关系、文化关系，还有情感关系。情感关系就是社会结构的一种重要表现形式。社会情感关系不是一种独立的关系，它是嵌入在血缘、地缘、姻缘、业缘等关系之中的。从宏观的层面上，它则嵌入在经济关系、政治关系、法律关系、伦理关系之中。

（2）选择性。选择性是指与哪类人建立情感关系。社会情感关系的建立遵循着"物以类聚，人以群分"的原则，人们往往与处于相同社会地位和社会关系中的人"情投意合"，情感互动较多。帕森斯把"情感性与中立性"作为人与人互动关系的一对基本的"模式变量"。也就是说，情感投入互动关系的多少是一个变量，投入多，则关系处于情感性一边，投入少，则关系处于中立性一边，这决定了人们行动的情感价值取向。

（3）倾向性。一般可把情感关系分为表达性与工具性两类倾向。表达性的情感是指一种自然而然地真诚表露的情感，而工具性情感则是为了获得某种利益，而给予对方的情感。在表达性情感关系中，情感是作为一种价值意义来追求的。情感本身就是目的；而在工具性情感关系中，情感仅仅作为换取自己想要利益的一种手段。两种情感关系所遵循的规则有所不同：表达性情感正向情感强，遵循的是"需求法则"，即按照双方的真实情感需要情况来建立情感关系；至于工具性情感，其感情强度呈中性或弱性状态，但情感义务清楚。交往遵循"公平法则"，付出情感是为了从对方那里获取一定的利益或回报。

（4）功能性。社会情感关系具有结合性和分离性两种基本功能。结合性情感表现为热情、友谊、喜欢、亲密、爱恋等，程度不同地带有相互吸引的特质；分离性情感表现为冷漠、嫌弃、厌恶、憎恨、敌对等，程度不同地带有相互排斥的特质。前者对社会起整合作用，后者对社会起分化作用。

（5）程度性。从情感交往的密切程度可分为强关系与弱关系，又称首属关系与次属关系。格兰诺维特（M. S. Granovetter）把人们之间的社会关系划分为强关系和弱关系，这种划分是基于互动频率、感情强度、亲密程度和互惠交换四个方面的尺度。他把熟人朋友关系看作强关系，把一般的相识看作弱关系。如果把两者的投入做个比较，强关系所需要的上述四个方面的投入自然是远远大过弱关系的。在我们前面的调查分析中，我们看到，即使在强关系中，也有不同的层级，如对爱情、亲情、友情，不同的人就会有不同的评价，从而有不同的对待。人与人社会情感交往可分为普通交往、亲密交往、敌对交往等，具体表现为泛泛之交、知心之交、忘年之交、嫉恨之交等，这都表明社会情感关系的能量交流有程度上的差异。

第三节　情感与信任关系

一、情感与信任的关系

马贝尔·布雷津认为"信任和风险属于感觉，而非情感"。[①]感觉是最

---

① 斯梅尔瑟，斯威德伯格. 经济社会学手册[M]. 罗教讲，等，译. 2 版. 北京：华夏出版社，2009：128-148.

简单的认识活动过程。感觉是对客观事物的个别属性的反映形式，知觉是对事物的整体的反映形式，它们都属于感性认识的范畴，是为大脑提供复杂认知和加工的材料。信任是一种感觉或认知行为。而情感可能会影响到那些认知的形成，也可能影响到信任的最终精神状态，但是情感和信任并没有共同之处。在研究经济和社会的文献中，信任和情感有时被错误地混为一谈（例如，Pixley，1999a，1999b，2002a，2002b）[①]，因此及时做出这种区分很有必要。科尔曼关于信任和风险的讨论明显将它们同行动的问题联系在一起，即使情感会嵌入到行动之中。科尔曼认为，信任是我们在对既往行为知晓的基础上做出的对"未来的赌注"，我们和他人的内在心智与过往经验决定了不同情境下我们对风险的评判。在信息缺失的情况下，我们只能根据微乎其微的信息甚至没有信息做出决定。

我们把信任视为人们在相互交往过程中的一种情感认定性。人与人在互动过程中，达到相识相知的过程，也是相互信赖、相互喜欢的过程。信任是社会关系的一个重要维度。信任不仅对个人，而且对社会及其共同体都有重要的功能。首先，人们之间合作的前提是基于相互信任，就像什托姆普卡所说的那样，"信任是合作的情感基础"。现代社会分工所造成的任何工作群体，都必须通过相互信任来完成系统的、整体性的任务，构成产品的每一个零件都是一种信任的契机，团队精神就是信任情感所凝结的特殊氛围；其次，信任是社会政治机制运转的润滑剂，社会政治机制的"合法性"源于由下至上的公众信任，取信于民事维持统治权威的情感基础；最后，信任还是文化资本、社会资本至关重要的组成元素，人与人之间的彼此相互信任，是受一定社会条件制约的。信任既是一种外在的理性制度，也是一种内在的情感道德。信任对被信任者来说，是一种内在良心的承诺，这是一种情感自觉；对信任者而言，则是基于对人性善的深信不疑，这是一种情感自愿。外在的诚实守信制度和道德价值观念必须内化为人的良心，才能真正为信任奠基。唯其如此，这就需要情感到场，信任与情感相关性较强。在信任情感的运用上，还受到个人因素的制约。

---

① 斯梅尔瑟，斯威德伯格. 经济社会学手册[M]. 罗教讲，等，译. 2 版. 北京：华夏出版社，2009：128-148.

信任总是相对的。首先，每个人所处的社会地位的不同，所拥有的信任社会资本的多少也不同。一般来说，社会地位越高，拥有的资源越多，就越能够获得较多的信任，也易于有信心信任他人。其次，个人价值观和对社会看法直接影响人们的信任感情。个人对个性、对社会的认同度高的人信任度也高。另外，家庭背景、教育程度、宗教信仰、经济能力以及职业、年龄、婚姻状况等的差异也会影响人们的信任情感行为，导致信任情感行为的差异。

人与人情感的相互依存关系是社会关系的基本特征。社会情感关系指的是人们在社会交往过程中建立起来的一种相悦或相斥的人际关系，主要表现为人们情感上的爱恨情仇、亲疏远近、个体对他人的情感倾向及相应行为等。社会关系的形成包含着认识、情感和行为三种因素的作用，其中情感因素起着主导作用，制约着社会关系的亲密程度、深浅程度和稳定程度。人与人交往的双方不是无生命的物体，而是具有复杂情感的高级动物。人与人相处是最惬意的。人们在共同活动中彼此为寻求满足各种需要会自然产生各种情感关系，因此社会交往是一种情感互动过程。

表 3-4 是马贝尔·布雷津提出的一个分析类型。分析的核心是社会生活中的可预测性和不可预测性之间的区分，社会和情感生活的一些方面是被设定或被预期的；而另一些方面则是出人意料的。可预测性和不可预测性，加之行动事件和情感四个方面揭示了情感的不同本体论和认识论，在决定社会和自然中处理情感方法的不同。他提出一个情感和（行为）事件关系的分析框架（见表 3-4）。

表 3-4　情感与行为事件列联表[①]

（行为）事件（events）		
情　　感	可以预测的	不可预测的
可以预测的		
本体论 认识论 范围	自然 道德 伦理学	均衡 理性的评估 经济学/数学

---

① 斯梅尔瑟，斯威德伯格. 经济社会学手册[M]. 罗教讲，等，译. 2 版. 北京：华夏出版社，2009：128-148.

（行为）事件（events）		
情　　感	可以预测的	不可预测的
不可预测的		
本体论 认识论 范围	文化 制度 社会学	作为生理状态的情感 爱好，攻击性，恐惧 交叉学科，自然和社会科学

二、情感与信任关系路径选择

我们可以借鉴马贝尔·布雷津分析类型的模型运用到情感与信任关系的研究中。把情感和信任事件作为研究的两个端点，而在这两点之间是不同的分析路径。而采用何种路径则要根据对情感的本体论和认识论的认识。我们建构了如下图 3-2 的情感—信任事件路径图。

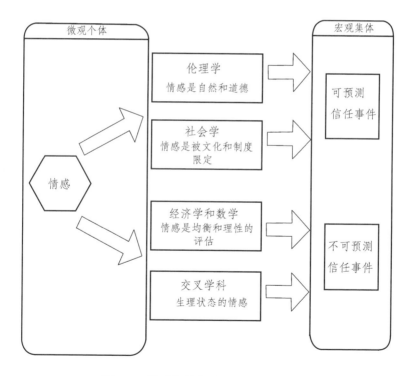

图 3-2　情感与信任事件的路径分析图

分析图 3-2，可以得到四条由情感到达信任事件的途径：

第一条路径：情感—伦理学范畴—可预测的信任事件

在信任事件是可以预测的前提下，如果情感是自然和内在的，依据情感的情境反应是合适的和不合适的判断，我们可以确定研究范围应该选择在伦理学的研究范畴内。

第二条路径：情感—社会学范畴—可预测的信任事件

在信任事件是被制度结构固定化了的前提下，即是说这些可以被预期的情况下，信任处于不同的制度领域中，法律系统规范并限制了成员或行动者之间的联系。法律不能规范的是情感反映以及相应的个人在制度框架内所采取的情感行为，而恰恰这些领域是文化和情感所起作用的地方。一定的情感与一定的制度背景相适应。文化是主导性的，制度是结构支持性的。如果情感是被文化和制度限定的话，研究范围必然属于社会学的研究范畴。

第三条路径：情感—经济学或数学范畴—不可预测的信任事件

在信任事件是不可预测的前提下，我们面对的是每天的日常社会生活。生活中发生的一切都是偶然事件。我们一般按照"惯习"来做决定。在意外事件面前，个人依据效用最大化原则做出选择。理性选择即变为可预测的情感（或非情感）。如果我们的目标是选取最恰当的方法达到所希望的结果，理性选择行为应是我们的行为准则。在极端的情况下，结果取代了手段，效率战胜了伦理，而这正是经济学和数学推理学的理想境界。

第四条路径：情感—交叉学科范畴—不可预测的信任事件

如果根据情感的生理状态行事，即动物本能主宰我们的行动和决策。那么，我们的研究范围应选择在交叉学科的范围。

当我们从情感出发，沿着不同的路径去解决信任现象时，我们实际上是在从微观的个体走向宏观的集体，也就是情感如何变化而又成为个人和集体行动的路径。从情感的起点出发最后殊途同归到达不同的信任事件。更明确的是我们通过这个路径分析类型各个学科在情感研究上的界限便一目了然了。

如前所述，马贝尔·布雷津是站在系统的高度来阐明情感研究的，他颠覆了理性选择理论却也继承了理性选择理论。马贝尔·布雷津将情感（而不是理性）作为分析的出发点，用处理情感的不同方法为桥梁，最后到达对事件的解释，发展了理性选择结合微观和宏观的努力。

第四章 信任关系态度结构方程模型的建构

第一节 研究程序

本节内容包括研究假设、研究内容、研究设计三个部分。

一、研究假设

根据文献整理及研究目的，本研究建立下列几项研究假设：

假设一：信任认知度对行为意向有显著正向影响；

假设二：个人情感价值观对情感行为意向具有显著正向影响；

假设三：家庭情感关系、学习情感关系和信任认知度会透过个人行为意向这一中介影响行为；

假设四：情感行为意向对行为有显著正向影响；

假设五：信任行为意向对行为有显著正向影响；

假设六：所有外在变量（性别、年龄、民族等）在信任关系态度模型中均存在群体差异，而且表现特征不同。

本研究将设计问卷来收集研究资料，从而进行数据分析，并且据以验证上述假设，并作为模型修正的基础。

二、研究内容

本研究的内容主要包括以下四点：

（1）运用因素分析来检验情感因素、信任因素、家庭情感关系和学习情感关系等变量结构的独立性和相互关系；

（2）运用结构方程模型比较考察信任与情感行为意向的相互影响关系是否双向预测效应，以及家庭情感关系、学习生活情感关系等客观因素和信任认知度、情感主观状态等主观因素对情感与信任行为意向的影响状况；

（3）分析信任关系态度结构方程模型的人口统计学差异；

（4）综合比较信任关系态度结构方程模型中各个因素在预测具体行为上的差异。

三、 研究设计

1. 典型事件法

本研究提出以典型事件法研究情感与信任关系结构特征。所谓典型事件法就是借助于主题事件中的典型事件来进行研究。即大的主题所统一的多个事件中总有一些对主题事件的代表性较强，只需要找出这些事件进行研究就可以达到事半功倍的效果。这些具有代表性的具体事件就称之为典型事件。典型事件是否典型则是研究成败的关键。典型事件的选取必须综合多方面的因素来考虑，具体的选择原则还需根据具体的事件来确定。

本研究所选取的事件是汶川大地震中出现的负性事件。选择这些事件主要基于以下原因。一是在已有的社会事件的研究中，多以重大的社会应激事件或者个体的创伤事件为研究对象，探讨人们对这些事件的认知或情感以及这些事件对人们的心理以及行为的影响；二是从情感与行为的角度看，国家做出的重大的政治事件，由于媒体的宣传、政治的引导，以及社会赞许性效应，民众表现出来的反映倾向于积极的反应，也倾向于积极的行为。在这样的社会背景下，如果选择积极偏向的事件，则无法避免社会赞许效应，无法有效地将研究变量提取出来。从研究的实际意义讲，研究大众对汶川大地震中的消极事件的情感以及负面行为，对于国家和各级政府政策的制定具有更为深刻的意义。客观的描述与解释大众对这些消极事件的认知和情感状态，并因此能够预测这些消极的事件而对其采取行动，就可以在一定程度上避免一些重大的不利于社会健康发展与良性运行的事件的发生。

2. 资料分析方法

在随后的数据分析中，笔者主要运用描述统计、因素分析、相关分析、方差分析和结构方程模型（SEM）等统计方法，使用的软件是 SPSS 11.0 版和 AMOS 7.0 版。

第二节　潜变量分析理论

一、结构方程式模型（SEM）

结构方程模型（Structural Equation Modeling，简称 SEM）是一种非常通用的、主要的线性统计建模技术，被广泛应用于经济学、心理学、社会学、管理学等领域的研究中。在社会科学研究领域，有时需要处理多个原因、多个结果的关系，或者遇到不可直接观测的变量（潜变量），传统的统计方法对这些问题往往无能为力。而结构方程模型的发展，弥补了传统统计方法的不足，并迅速成为多元数据分析的重要工具。

所谓结构方程式模型旨在描述潜在自变量与潜在因变量之间的因果关系的模式，即界定潜在自变量与潜在因变量之间的线性关系。这种模式中的因和果通常是通过小型理论所假定或推定而来。潜变量分析方法的建模是以协方差矩阵为基础，使用最大似然估计法（maximum-likelihood estimation）得到参数估计值。主要按照假设的理论模型对所观测到的协方差矩阵进行计算，得到一个假设模型框架下的协方差矩阵，这两个协方差矩阵的吻合程度即为判定理论模型是否可接受的依据。二者都是用可观察到的外显变量来代替潜在变量。这种潜变量分析方法和多元回归相比，其优点表现为：首先，潜变量是由同一结构的多种任务共同组成的，每一个任务对结构内部相关估计的影响很小；其次，每一项任务的测量误差不包括在潜变量中，单项任务的测量误差和不可靠性对整体结果的影响比较小，从而单项任务的因素负荷具有较高的精确度。因此，潜变量分析法对设想结构的测量更加可靠、准确。

（一）结构方程模型架构

在 SEM 模式中，变量分为"潜在变量（latent variables）"与"观察变量（observed variables）"两大类。

1. 潜在变量

潜在变量是一般行为，是社会科学中无法直接观察或测得的，必须由观察变量（observed variables）来间接推测得知。如本研究中的信任认知度（$\xi1$）、学习情感关系（$\xi2$）、家庭情感关系（$\xi3$）、情感认知度（$\xi4$）、信任行为意向（$\eta1$）与情感认知度（$\eta2$）。潜在变量又可分为以下两类：

（1）潜在自变量（latent Independent variable，ξ）：影响其他潜在变量的自变量，但潜在自变量之间不会彼此影响。如本研究中的信任认知度（$\xi1$）、学习情感关系（$\xi2$）、家庭情感关系（$\xi3$）、情感认知度（$\xi4$）。

（2）潜在因变量（latent dependent variable，η）：受到潜在自变量所影响的因变量，也可能受到其他潜在因变量的影响。如本研究中的信任行为意向（$\eta1$）与情感认知度（$\eta2$）。

2. 观察变量

观察变量是可通过直接观测而得到的变量，大部分问卷中的测试题目均是观察变量。观察变量分为以下两类：

（1）X 变量：属于潜在自变量的观察指标；

（2）Y 变量：属于潜在因变量的观察指标。

潜在自变量与潜在因变量，都可经由观察变量来加以界定，在观察变量中，属于潜在自变量 ξ 的观察指标者称为 X 变量，属于潜在因变量 η 的观察指标者称为 Y 变量。这四种变量中，潜在自变量 ξ 与 Y 变量没有直接关系，潜在因变量 η 与 X 变量没有直接关系，η、ξ、X、Y 四种变量有下列五种关系（陈正昌、程炳林，1994）：

第一、潜在自变量 ξ 与潜在自变量 ξ 的关系，以 Φ 表示。

第二、潜在自变量 ξ 与潜在因变量 η 的关系，以 Γ 表示。

第三、潜在因变量 η 与潜在因变量 η 的关系，以 β 表示。

第四、潜在自变量 ξ 与 X 变量的关系，以 Λ_x 表示。

第五、潜在因变量 η 与 Y 变量的关系，以 Λ_Y 表示。

除上述五种关系外，SEM 模式另外包含以下三种误差关系：

第一，X 变量的测量误差，以 δ 表示。

第二，Y 变量的测量误差，以 ε 表示。

第三，潜在因变量 η 所无法被解释的残差，或称结构方程式的残余误差，以 ζ 表示。

前述的 Φ、β、Γ、Λ_X、Λ_Y、δ、ε、Ψ 都是矩阵的形式，是 SEM 的 8 个参数矩阵，而由这 8 个矩阵将再发展出最大似然估计式中的 Σ 与 S 共变异矩阵。

（二）结构方程式模式（structural equation model）

结构模式方程式如下：

$$\beta * \eta = \Gamma * \xi + \zeta \tag{4-1}$$

其中，ξ 是潜在自变量，η 是潜在因变量，Γ 是潜在自变量对潜在因变量的影响效果的系数矩阵，β 是潜在因变量对潜在因变量的影响效果的系数矩阵，ζ 是残余误差。

（三）测量模式（measurement models）

测量模式是用来说明潜在变量与观察变量的关系，即界定潜在变量与观察变量之间的线性关系，故研究者实测的观察数据必须以直线关系作为切入点，才能被用来进行整个 SEM 分析。我们假定受试者发生某些可观察的显性行为是由于某一项非观察潜在变量构成所导致的，潜在变量被假定是造成观察变量的因，但是潜在变量却不能直接观察到，必须由观察变量间接推论而得。下列 SEM 测量模式即用来界定潜在变量与观察变量之间的关系的方程式：

$$X = \Lambda_X \xi + \delta \tag{4-2}$$

X 是观察自变量，$\Lambda_{X\xi}$ 是描述 X 与 ξ 之关系的系数矩阵，δ 是 X 的测量误差。

$$Y = \Lambda_Y \eta + \varepsilon \tag{4-3}$$

Y 是观察因变量，$\Lambda_{Y\eta}$ 是描述 Y 与 η 之关系的系数矩阵，ε 是 Y 的测量误差。从上面两条测量模式的直线中，我们可以知道如何利用观察变量来间接推测潜在变量。

结构方程式与测量方程式中的每一个元素都是矩阵，而且以上三个方程式也包含了前述 SEM 模式的 8 个参数矩阵。在进行 SEM 分析时，研究者必须先根据理论画出因果模式路径图，并将所要估计的参数（parameters）代入结构公式及测量模式之中，然后估计共变异方程式所需的 Φ、β、Γ、Λ_X、Λ_Y、δ、ε、Ψ 等 8 个参数矩阵。

此 8 个参数矩阵的估计必须由计算机以迭代（iteration）方式进行，每迭代一次，计算机程序自动将估计所得的 8 个参数矩阵代入共变异矩阵中，并计算的适配函数（fitting function）值，随着迭代次数的增加，适配函数大致上越来越小。当前后两次的适配函数值差量小于收敛标准时，计算机就停止估计工作，此时所得的适配函数是为最小适配函数值。计算机并根据最小适配函数值进行 χ^2 检验。如果检定结果发现 χ^2 值不显著，则接受虚无假设，表示研究者所提出的理论模式与观察所得数据可以适配；反之，则表示研究者所提出的理论模式与观察所得数据就无法适配。

潜变量分析法能清晰地检测出哪一个模型和我们的数据最一致，好模型的获得需要变量的相关矩阵支持。简言之，假如许多观察变量归属于一个共同的潜变量，那么这些变量之间，至少应该存在中等程度的相关（反映了收敛效度）。如果相关低，它们就属于不同的潜变量（反映了区分效度）。假如用验证性因素分析能找到一个独特的模型来很好地拟合数据，那么这就意味着，模型假设的结构充分反映了收敛和区分效度。

潜变量分析法使用未标准化和标准化的形式提供了参数估计值，参数估计值与回归权重值类同。如果不做选择，输出结果默认的路径系数（或载荷系数）没有经过标准化，称作非标准化系数。非标准化系数中存在依赖于有关变量的尺度单位，所以在比较路径系数（或载荷系数）时无法直接使用，因此需要进行标准化。标准化权重估计，和回归分析一样是通过将所有的测量转换成相同的尺度来进行。标准化系数是将各变量原始分数转换为 Z 分数[1]后得到的估计结果，用以度量变量间的相对变化水平。因此

① Z 分数转换公式为：$Z_i = \dfrac{X_i - \bar{X}}{s}$。

不同变量间的标准化路径系数（或标准化载荷系数）可以直接比较。而且标准化路径系数值越大，该潜变量的影响程度越大。故本研究只报告完全标准化估计值。

（四）模型评价

一般而言，模型拟合优劣的评价包含两部分：模型的内在结构和整体拟合度。

1. 模型内在结构的评价

评价模式的内在结构，主要是检验"违犯估计"，就是估计系数是否超出可接受范围。许多学者对检验的项目有不同的界定，但是文献中引用较多的是 Hair 等（1998）的界定。他提出"违犯估计"的项目应该包括：（1）误差值存在负数；（2）标准误太大；（3）标准化系数超过或者接近 1（通常以0.95 为门槛）。另外，评价各个具体的参数估计值是否达到显著水平，需要用 t 检验。具体的参数估计值主要包含以下三部分：在结构方程模型图中，一般从潜变量指向观察变量比较长的单向箭头旁的数值表示因素负荷（也叫路径系数），是使用最大似然估计法得到的标准化回归系数，它表明潜变量对观察变量的影响程度；直接指向观察变量的、比较短的单向箭头旁的数值表示测量误差，是指每一项测量任务中那些没有被潜变量解释的变异；从潜变量指向潜变量的双向箭头旁的数值表示潜变量之间的相关系数。这三部分的参数估计值，在没有额外说明的情况下表示都是显著的。详细的检验标准是：各个参数估计值的 t 值的绝对值大于 1.96 时，表明估计参数已经达到 0.05 的显著水平；t 值的绝对值大于 2.58 时，表明估计参数已经达到 0.01 的显著水平（黄芳铭，2005：238 ）。可见，模型中有效的参数估计值，其 t 值至少应该大于 1.96。

2. 模型整体拟合度的评价

当模型的内在结构良好时，下一步需要评价模型的整体拟合优劣。评价整体拟合优劣要解决两个问题：第一，应当根据哪些指数来检验模型？因为指数是反映理论模型与样本数据吻合程度的统计量；第二，多大的指数值才算是一个"好"的模型？这里的指数值类似于通常的假设检验中统计量的临界值（cutoff value）。实际上，这两个问题都是结构方程分析中很重要、且尚未很好解决的问题（温仲麟、侯杰泰、马什赫伯特，2004）。从1973年第一个指数 TLI 产生至1996年 NTFI 的提出，文献上正式发表的指数已有40多个（温仲麟、侯杰泰、马什赫伯特，2004）。那么，选择哪些指数最能有效地评鉴模型？依据 Hoyle、Panter 以及侯杰泰等人（2004）的建议，评价模型整体拟合度的指数，应该包含以下这些：

（1）卡方（ χ^2 ，Minimum Fit Function Chi-Square）

（2）自由度（df，degrees of freedom）

（3）比较吻合度指数（CFI，comparative fit index）

（4）非范拟合指数（NNFI，Non-Normed Fit Index，也称为 TLI）

（5）近似误差均方根（RMSEA，Root Mean Square Error of Approximation）

首先，卡方值是一种常用的拟合统计指标，它不仅本身是一个重要的指数，而且大多数指数都是它的函数。卡方值测量的是模型再生的相关矩阵与观察变量的原始相关矩阵之间的差异程度：卡方值越小，表明二者的差异越不显著，也就是说模型拟合比较理想。值得注意的是，潜变量分析法中卡方的显著性检验的临界值与 N（样本量）和自由度都有关，而传统的卡方检验临界值只与自由度有关，与 N 无关。可见，这里的卡方只是近似服从传统的 χ^2 分布，所以要突破传统 χ^2 检验的临界值 0.05 或 0.01。于是实际研究中，当 N 大于 250 时，其显著性水平应该为 0.0005；当 N 大于500 时还可以更小（温仲麟、侯杰泰、马什赫伯特，2004）。但是，卡方检验随样本大小的变化比较大。当样本增大时，即使模型再生的相关矩阵与观察变量的原始相关矩阵之间差异非常小，卡方值也会显著增大。于是，Joreskog 在1970提出一个新的模型拟合度评价指标"Normed chi-square"，它将卡方检验和自由度结合起来，即 χ^2/df。并有人建议，当 χ^2/df 在 1.0和 2.0 或者 3.0 或者 5.0（更宽松的情况下）之间时模型拟合可以接受（Hai，等，1998）。但是，侯杰泰等（2004：156）和 Hollen 等（1993）认为， χ^2/df同样易受样本容量的影响，对于评价单个模型的意义不大。所以，卡方值和自由度对于鉴别模型的意义不太大，二者的主要功能在于模型比较（侯杰泰，等，2004：45，120-121）。而且许多研究并不报告卡方检验的显著性（即 p 值）。可见，对几个可接受模型的拟合优劣程度作精确比较时，才需要用到卡方值和自由度。具体操作方法是用两个模型的卡方之差作为新的卡方，两个模型的自由度之差作为新的自由度，如果卡方检验不显著，则新增的参数是多余的。

其次，比较吻合度指数（CFI）相当于将 RNI 在 0~1 之外的值进行截取，使其取值范围变成了 0~1。而非范拟合指数（NNFI，也叫 TLI）是一种非规范性指标，所以它产生的值可能会超出 0 到 1 之间。很长一段时间内比较公认的标准是，相对指数 CFI 和 NNFI 的值在 0.9 或以上，表示拟合模型可以接受（例如，侯杰泰、温仲麟、成子娟，2004：45）。而且，很多研究者推荐使用这两个指标（例如，温仲麟、侯杰泰、马什赫伯特，2004）。

最后，近似误差均方根（RMSEA）是近年来相当受重视的一个模式适配指标，几乎所有的结构方程建模文献中都使用它。而且很多研究显示，它在评价鉴别模型拟合度时，比其他指标更好。Steiger（1990）提出，RMSEA 的值低于 0.10 表示模型拟合好；低于 0.05 表示拟合非常好；低于 0.01 表示拟合非常出色，不过这种情形几乎碰不到。后来又有人对上述标准做了一些补充：RMSEA 值介于 0.05 到 0.08 之间，可以视为"算是不错的适配"；介于 0.08 到 0.10 之间则是"中度适配"，可以接受（黄芳铭，2005：151）。通常，文献中的研究都将 RMSEA 值等于小于 0.08 定为是"良好适配"，表示假设的模型基本可以接受；小于 0.05 定为是"很好适配"，表示假设的模型完全可以接受。

表 4-1　拟合指数对比表

指数名称		评价标准[①]
绝对拟合指数	χ^2（卡方）	越小越好，一般以卡方值 $p<0.05$ 作为判断，意即模型具有良好的拟合度
	GFI	大于 0.9
	AGFI	大于 0.9

[①] 表格中给出的是该拟合指数的最优标准，譬如对于 RMSEA，其值小于 0.05 表示模型拟合较好，在 0.05~0.08 间表示模型拟合尚可（Browne & Cudeck，1993）。因此在实际研究中，可根据具体情况分析。

指数名称		评价标准
绝对拟合指数	RMR	小于 0.05，越小越好
	SRMR	小于 0.05，越小越好
	RMSEA	小于 0.05，越小越好
相对拟合指数	NFI	大于 0.9，越接近 1 越好
	TLI	大于 0.9，越接近 1 越好
	CFI	大于 0.9，越接近 1 越好
信息指数	AIC	可用 AIC 比较多个模型，AIC 越小表示该模型越优
	CAIC	用 CAIC 比较多个模型，CAIC 越小表示该模型越优

研究报告中出现频率较高的其他指数还有如下一些：NFI、GFI 和 AGFI 也是许多学者建议列出的指数，这三个指标的可接受模型的共同推荐值一般都是 0.9（含）以上（越大越好）（黄芳铭，2005：149-155）。所以，本研究在随后的建模过程中报告那些出现频率较高的指数(见表4-1)，如：χ^2、df、p 值，CFI、TLI、NFI、GFI 和 AGFI 也一并列出。

需要注意的是，拟合指数的作用是考察理论模型与数据的适配程度，并不能作为判断模型是否成立的唯一依据。拟合优度高的模型只能作为参考，还需要根据所研究问题的背景知识进行模型合理性讨论。即便拟合指数没有达到最优，但一个能够使用相关理论解释的模型更具有研究意义。

二、本研究的预期模型

本研究首先用描述统计的方法来检验是否所有的变量都适合作潜变量分析；然后使用验证性因素分析的方法，分别检测情感和信任关系结构中的各个因素是否具有可分离性和相互独立性；最后验证预期结构方程模型并用结构方程模型来比较信任关系态度结构在预测行为上存在的差异。笔者提出图 4-1 的预期模型：

从图 4-1 可以看出，从左边指向右边的单向箭头表示信任认知度（ξ_1）、学习情感关系（ξ_2）、家庭情感关系（ξ_3）、情感认知度（ξ_4）对信任与情感行为意向的主客观影响，模型右边两个角指向情感认知度和信任行为意向的两个小箭头（ζ1 和 ζ2）表示无法被信任认知度、家庭情感关系、学习情感关系、情感认知度解释的变异，即内生潜变量的残差；右边箭头表示信任与情感行为意向对行为的直接预测影响，以及信任认知度、情感认知度通过信任与情感行为意向的中介对行为的间接影响；同时表示家庭情感关系和学习情感关系等客观因素对行为的影响；左边的曲线双向箭头表示信任认知度、家庭情感关系、学习情感关系、情感认知度各个主客观成分之间的相关；中间的双向直线箭头表示信任行为意向（η1）与情感行为意向（η2）的相互影响效应。

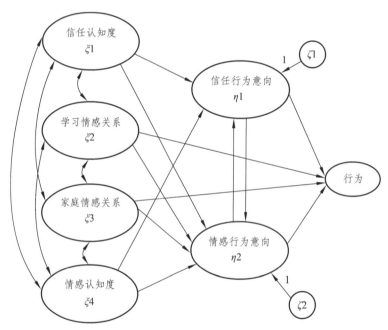

图 4-1　信任关系态度结构与行为的预期模型

第三节　信任关系态度结构的测量设计和因素分析

一、因素分析理论

对反映事物的相关变量进行观测与数据收集是实际研究中建模的基

础。一般而言，变量越多，所反映事物的特征信息越丰富，也越利于揭示事物本质特征。但是随着变量的增多也会产生不利的一面，其中的主要问题突出表现为各变量间所存在的不同程度的相关关系，这种客观存在的相关关系会使问题分析的复杂性大大提高。为了解决这一问题，因素分析的思想应运而生。

1. 探索性因素分析

探索性因素分析详细描述了公共因素的数量和观察变量的分析情况，但没有详细说明这些变量间关系的结构。同时要求变量间关系满足下述假设：

（1）所有的公共因素都相关（或都不相关）；

（2）所有的公共因素都直接影响所有的观察变量；

（3）唯一性因素间无相关；

（4）所有的观察变量只有一种唯一性因素影响；

（5）所有的公共因素和所有唯一性因素无相关。

在实际建模中，上述前提条件是很难满足的，由于这些假设是预先确定的，因而研究者无法修正或改进某个模型参数，只能听任计算机自行处理，研究者的主动性难以体现。

2. 验证性因素分析

验证性因素分析克服了探索性因素分析的约束，研究者可根据理论或实践研究需要对条件及参数加以控制，如：

（1）哪些公共因素是相关的；

（2）哪个观察变量受哪个公共因素影响；

（3）哪个观察变量受哪个唯一性因素影响；

（4）哪些唯一性因素是相关的。

由于验证性因素分析在条件约束方面的贡献，现已成为测量技术中强有力的统计分析方法。

3. 探索性因素分析与验证性因素分析相结合

20世纪80年代末，安德森（Anderson）建议，在模型建立与检验过程中，可以将探索性因素分析与验证性因素分析相结合，即通过探索性因素分析建立模型,再用验证性因素分析来检验模型。例如,在一个样本中先用探索性因素分析找出变量间可能存在的关系结构,再在另一个样本中采用验证性因素分析去验证这种关系结构,这一过程即为交叉证实(Cross-validation)。交叉证实可以保证量表所测特征的确定性、稳定性和可靠性。交叉证实方法的前提是研究人员对因素结构,观测变量与因素之间潜在关系均是未知的或不很清楚的。但当研究者根据理论及经验已有一定的因素结构维度及观测变量的关系时,则可以直接运用验证性因素方法。

本节内容将运用探索性因素分析与验证性因素分析相结合的方法来描述信任关系与情感关系的测量设计,并使用测量模型来验证每项因素的独立性和可分离性。

二、信任因素的测量设计和验证性因素分析

结合国内有关文献,对信任关系的考察包含对两个子成分的检验,即信任认知度和信任行为意向。

1. 描述统计和因子分析

问卷对信任因素的考察包含八个指标变量的检验,如表 4-2 所示:

表 4-2 问卷架构内容

潜变量	指标变量代码	指标变量问项
信任因素	Q40b_1	人与人之间越相互信任越好
	Q40e_1	人与人之间应当相互信任
	Q40f_1	人与人之间的信任是可以做到的
	Q40i_1	在家靠父母,出外靠朋友
	Q40j_1	害人之心不可有,防人之心不可无
	Q40k_1	与人打交道还是谨慎点好
	Q40l_1	信任别人会得到好的回报
	Q40m_1	信任别人很容易上当受骗

以上测试共包含八个观测指标变量,其相关矩阵如表 4-3 所示:

表 4-3　信任因素变量的相关矩阵（*N*=384）

因子	Q40m_1	Q40l_1	Q40i_1	Q40j_1	Q40f_1	Q40e_1	Q40b_1
Q40m_1	1						
Q40l_1	−0.085	1					
Q40i_1	0.231 (**)	−0.079	1				
Q40j_1	0.045	0.138 (**)	245 (**)	1			
Q40f_1	−0.217 (**)	0.251 (**)	−0.063	0.099	1		
Q40e_1	−0.124 (*)	0.247 (**)	0.032	0.169 (**)	0.381 (**)	1	
Q40b_1	−0.068	0.244 (**)	−0.008	0.107 (*)	0.146 (**)	0.313 (**)	1
Q40k_1	0.226 (**)	−0.165 (**)	0.525 (**)	0.203 (**)	−0.056	−0.024	−0.111 (*)

** $p < 0.01$　* $p < 0.05$　level（2-tailed）.

指标变量	Q40m_1	Q40l_1	Q40i_1	Q40j_1	Q40f_1	Q40e_1	Q40k_1	Q40b_1
M	2.9766	3.2526	4.4766	3.9792	3.9036	4.3359	4.2865	3.5104
SD	1.0127	1.0528	0.69648	0.89942	1.0314	0.76759	0.69027	1.1961
Skew	0.168	−0.101	−1.384	−0.976	−1.012	−1.457	−0.925	−0.365
Kurtosis	−1.415	−1.197	2.022	0.618	0.260	3.062	1.349	−1.267

由表 4-3 可见，Q40i_1 除了与 Q40j_1、Q40k_1 这两个任务相关显著以外，与其他部分任务的相关不显著，其余所有任务之间的相关均显著；而且所有数据的偏度（Skew）均小于 3，峰度（Kurtosis）均小于 4，由此表明该数据达到了正态分布的标准（Mine，1998），可以进行下一步的模型建构。

2. 因子分析

在进行因子分析之前进行了 KMO 测度，得到的 KMO 系数为 0.65，Bartlett's Test 检验值 $p < 0.0001$，说明该指标变量量表可以做因子分析，旋转后的因子得分如表 4-4 所示：

表 4-4　旋转后的因子得分表

因子	因子得分	
	1	2
Q40b_1	**0.582**	−0.024
Q40e_1	**0.741**	0.069
Q40f_1	**0.657**	−0.089
Q40l_1	**0.608**	−0.123
Q40m_1	−0.294	0.465
Q40i_1	$4.44×10^{-5}$	**0.820**
Q40j_1	0.388	0.511
Q40k_1	−0.114	**0.798**

从表 4-4 因子得分可以选取六个指标变量归纳为两个因子，用这两个因子代表六个指标变量，可以解释 46.9%的误差。即是："人与人之间越相互信任越好（Q40b_1）""人与人之间应当相互信任（Q40e_1）""人与人之间的信任是可以做到的（Q40f_1）""信任别人会得到好的回报（Q40l_1）"四个指标变量可以归结为因子 1，取名为"信任认知度"因子；"在家靠父母，出外靠朋友（Q40i_1）""与人打交道还是谨慎点好（Q40k_1）"两个指标变量可以归结为因子 2，取名为"信任行为意向"因子。剩余的两个指标变量："信任别人很容易上当受骗（Q40m_1）"和"害人之心不可有，防人之心不可无（Q40j_1）"这两个因子，无法完全投射到单个因子上，因此无法归属于任一因子，而且从相关矩阵可知，Q40m_1 指标变量与因子 2 中的Q40i_1 指标变量相关系数显著，与因子 1 中的 Q40b_1 指标变量相关系数不显著，因此剔除该两个问项指标变量。再次旋转后的因子得分如表 4-5所示：

表 4-5　修正后旋转的因子得分表

因子	因子得分	
	1	2
Q40b_1	**0.613**	−0.043
Q40e_1	**0.769**	0.105

因子	因子得分	
	1	2
Q40f_1	**0.669**	−0.023
Q40l_1	**0.614**	−0.191
Q40i_1	0.013	**0.867**
Q40k_1	−0.104	**0.864**

从因子得分表 4-5 可以看出，这六个指标变量可以归为两个因子，用这两个因子代表六个指标变量，可以解释 55.86%的误差。经过因子分析，信任因素的六个指标变量就由"信任认知度"和"信任行为意向"两个潜变量因子代替。图 4-2 为信任关系碎石图。

Scree Piot

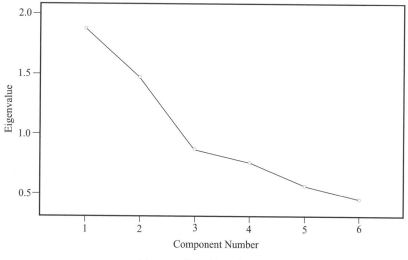

图 4-2　信任关系碎石图

3. 验证性因素分析

关于信任关系测量任务的因素分析，本研究用以下三个验证性因素分析模型来检验它是否具有可分离性，还是一个统一的整体。用以上六个指标变量做信任因素的验证性因素分析，共产生了三个模型，如下：

模型一（CFA1）：六项观测指标变量合成一个潜变量，即信任关系；

模型二（CFA2）：根据相关矩阵的提示，删除 Q40i_1 指标变量，剩余五个指标变量合成一个潜变量；

模型三（CFA3）：由 Q40b_1、Q40e_1、Q40f_1、Q40l_1 四个指标变量合成一个潜变量，Q40i_1 和 Q40k_1 两个指标变量合成另一个潜变量。

根据建模过程中修正指数的提示和理论假设，以上三个测量模型中都允许 Q40b_1 与 Q40f_1 两个指标变量的误差相关，并允许信任关系的两个潜变量误差相关，因为它们每对变量使用的测量程序相近，故这样设置是合理的。虽然仍有其他指标变量误差相关，对应的修正指数比较大，但是没有依据可以让那些误差相关自由估计，故不再设置。

三个测量模型的统计拟合指数如表 4-6 所示：

表 4-6 信任因素的测量模型拟合指数

模型	df	χ^2	p	RMSEA	NFI	TLI	CFI	GFI	AGFI
CFA1	8	133.4	0.0001	0.202	0.537	0.140	0.541	0.907	0.756
CFA2	4	8.52	0.074	0.054	0.947	0.925	0.970	0.991	0.967
CFA3	7	11.80	0.107	0.042	0.959	0.962	0.982	0.990	0.970

比较三个模型，CFA1 的拟合指标大部分没有达到标准，而且 Q40i_1（$t=-1.384$）这个指标变量的估计参数不显著，所以放弃 CFA1；CFA2 中，Q40k_1（$t=-2.155$）这个指标变量的估计参数显著（达到 0.05 的显著水平），其他指标基本达到标准，所以暂时保留 CFA2；CFA3 中各项观察指标变量估计值的 t 值绝对值、潜变量的相关系数的 t 值绝对值均大于 2.58，表明各个估计参数已经达到 0.01 的显著水平。CFA2 和 CFA3 两个模型的差异并不显著（$\triangle \chi^2$（3）=3.28）。尽管 CFA2 的拟合指标全部达到标准，但是其中 Q40k_1 指标变量的估计参数为负值，不符合理论假设，所以，放弃该模型；CFA3 的拟合指标全部完好，所以最后选择 CFA3 进入下一步的分析，其模型如图 4-3 所示：

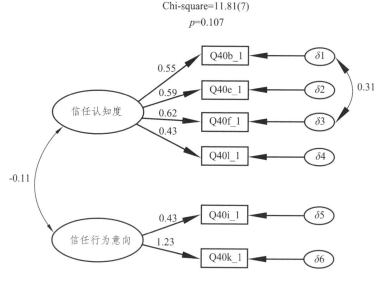

图 4-3　信任因素的测量模型（CFA3）

从图 4-3 中可以看到，信任因素的多项测量任务，更倾向于聚类成两个潜变量，即信任认知度和信任行为意向。Q40l_1 指标变量对信任认知度潜变量的负荷相对比较低（0.43），但是也达到了显著水平；除此以外，其余各项指标变量对信任认知度潜变量的因子负荷都比较高（0.55～0.62），尤其是 Q40f_1 最高（0.62），表明它能被信任认知度潜变量解释的最多；而且，信任认知度和信任行为意向的相关显著（-0.11），这符合理论原理。

三、情感因素的测量设计和验证性因素分析

结合国内有关文献，特别是参照郭景萍教授的实证研究，对情感因素的考察包含四个子成分的检验，即家庭情感关系和学习情感关系组成情感客观状况，以及情感认知度和情感行为意向组成的情感主观状况。

（一）家庭情感关系指标变量分模型和验证性因素分析

1. 描述统计和因子分析

问卷对家庭情感关系的考察包含五个观测指标变量的检验，如表 4-7 所示：

表 4-7   问卷架构内容

潜变量	指标变量代码	指标变量问项
家庭情感关系	Q21_1	家是最温暖的地方
	Q22_1	您在家庭中是否可以任意发脾气？
	Q23_1	您是否向您的父母亲口头上表达过爱他们的感情吗？
	Q24_1	您与父亲的关系怎样？
	Q25_1	您与母亲的关系怎样？

以上测试共包含五个指标变量，其相关矩阵如表 4-8 所示：

表 4-8   家庭情感关系变量的相关矩阵（$N=384$）

因子	Q21_1	Q22_1	Q23_1	Q24_1	Q25_1
Q21_1	1				
Q22_1	0.120（*）	1			
Q23_1	0.062	0.076	1		
Q24_1	0.222（**）	0.071	0.175（**）	1	
Q25_1	0.401（**）	0.099	0.259（**）	0.404（**）	1

** $p < 0.01$ * $p < 0.05$ level（2-tailed）

指标变量	Q21_1	Q22_1	Q23_1	Q24_1	Q25_1
M	4.7813	2.8750	2.4167	4.1615	4.6302
SD	0.73272	1.46856	1.31405	0.79488	0.57695
Skew	−3.556	0.098	0.390	−0.705	−1.464
Kurtosis	12.744	−1.136	−0.746	0.331	1.996

由表 4-8 可知，除了 Q21_1 和 Q22_1 这两个外生指标变量与其他部分任务的相关不显著之外，其余所有指标变量之间的相关均显著；而且除了 Q21_1 指标变量显示出极大的偏差（Skew 值为 -3.556、Kurtosis 为 12.744）外，所有其他指标变量数据的偏度（Skew）均小于 3，峰度（Kurtosis）均小于 4，由此表明该数据达到了正态分布的标准（Mine，1998），可以进行下一步的模型建构。

2. 因子分析

在进行因子分析之前进行了 KMO 测度，得到的 KMO 系数为 0.57，Bartlett's Test 检验值 $p < 0.0001$，说明该分析量表可以做因子分析，旋转后的因子得分如表 4-9 所示：

表 4-9　旋转后的因子得分表

因子	因子得分
	1
Q23_1	0.597
Q24_1	0.753
Q25_1	0.804

从表 4-9 因子得分可以看出，这一个因子可以解释 52.3%的指标误差。图 4-4 为家庭情感关系碎石图。

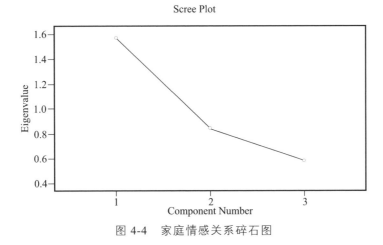

图 4-4　家庭情感关系碎石图

3. 验证性因素分析

关于家庭情感关系的测量任务，本研究用以下两个验证性因素分析来检验以下两个问题：

模型一（CFA1）：五个观察指标变量合并成一个潜变量，即家庭情感关系；

模型二（CFA2）：五项观测指标变量中 Q21_1 和 Q22_1 对潜在变量影响不显著，因此予以剔除后，Q23_1、Q24_1 和 Q25_1 三个观测指标变量合成一个潜变量。

测量两个模型的统计拟合指数如表 4-10 所示：

表 4-10 家庭情感关系的测量模型拟合指数

模型	df	χ^2	p	RMSEA	NFI	TLI	CFI	GFI	AGFI
CFA1	5	6.592	0.253	0.029	0.962	0.925	0.99	0.993	0.980
CFA2	1	0.01	0.97	0.000	1.000	1.000	1.00	1.000	1.000

CFA1 中各项观察指标变量估计值的 t 值绝对值、潜变量的相关系数的 t 值绝对值均大于 2.58，表明各个估计参数已经达到 0.01 的显著水平。比较可见，CFA1 和 CFA2 两个模型的差异不显著（$\triangle \chi^2$（4）=6.582），而且 CFA2 的模型的拟合指数优于 CFA1，且均达到标准，表明模型拟合得非常完美。所以选取 CFA2 进行下一步的分析。CFA2 如图 4-5 所示：

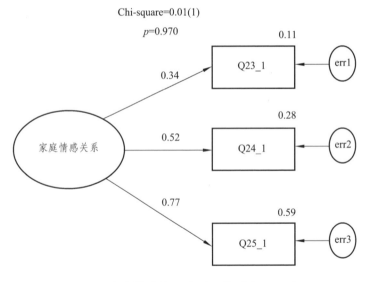

图 4-5 家庭情感关系的测量模型（CFA2）

表 4-10 表明，家庭情感关系中的五个测量指标变量并非完全独立，而更倾向于是一个整体。从图 4-5 可见，家庭情感关系的三个测量指标变量在潜变量上的因子负荷都比较高（0.34 ~ 0.77），表明它们能有效地代表家庭情感关系潜变量。

（二）学习情感关系指标变量分模型和验证性因素分析

1. 描述统计和因子分析

问卷对学习情感关系的考察包含四个观测指标变量的检验，如表 4-11 所示：

表 4-11　问卷架构内容

潜变量	指标变量代码	指标变量问项
学习情感关系	Q28_1	您与同学关系如何？
	Q30_1	如果您所在的学校或班级开展活动，您喜欢参加吗？
	Q32_1	您觉得学习中的压力怎样？
	Q35_1	您重视学习环境中的人际关系吗？

以上测试共包含四个指标变量，其相关矩阵如表 4-12 所示：

表 4-12　学习情感关系指标变量的相关矩阵（N=384）

因子	Q28_1	Q30_1	Q32_1	Q35_1
Q28_1	1			
Q30_1	0.213（**）	1		
Q32_1	0.036	0.055	1	
Q35_1	0.219（**）	0.206（**）	0.121（*）	1

** $p < 0.01$　　* $p < 0.05$　　level （2-tailed）

指标变量	Q28_1	Q30_1	Q32_1	Q35_1
M	4.182	3.9844	3.7474	3.9896
SD	0.7770	1.18289	0.62685	0.68547
Skew	−0.665	−0.693	0.056	−0.427
Kurtosis	−0.084	−0.482	−0.325	0.697

由表 4-12 可知，除了 Q32_1 指标变量与其他指标变量的相关不显著之外，其余所有指标变量之间的相关均显著，而且所有其他数据的偏度（Skew）均小于 3，峰度（Kurtosis）均小于 4，由此表明该数据达到了正态分布的标准（Mine，1998），可以进行下一步的模型建构。

2. 因子分析

在进行因子分析之前进行了 KMO 测度，得到的 KMO 系数为 0.60，Bartlett's Test 检验值 $p < 0.0001$，说明该个性分析量表可以做因子分析，旋转后的因子得分如表 4-13 所示：

表 4-13　旋转后的因子得分表

因子	因子得分
	1
Q28_1	0.697
Q30_1	0.682
Q35_1	0.689

从表 4-13 因子得分可以看出，这一个因子可以解释 47.5%的四个指标变量误差。图 4-6 为学习情感关系碎石图。

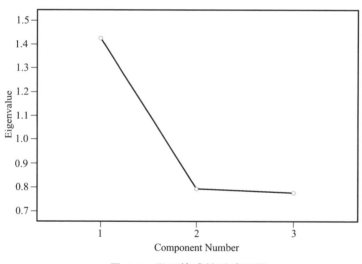

图 4-6　学习情感关系碎石图

3. 验证性因素分析

关于学习情感关系的测量任务，本研究用以下两个验证性因素分析模型来检验：

模型一（CFA1）：四个观察变量合并成一个潜变量，即学习情感关系；

模型二（CFA2）：剔除 Q32_1 指标变量后合成一个潜变量，即由 Q28_1、Q30_1 和 Q35_1 三个指标变量组成一个潜变量。

测量两个模型的统计拟合指数如表 4-14 所示：

表 4-14　学习情感关系的测量模型拟合指数

模型	df	χ^2	p	RMSEA	NFI	TLI	CFI	GFI	AGFI
CFA1	2	1.905	0.386	0.000	0.964	0.893	1.00	0.997	0.987
CFA2	1	0.277	0.599	0.000	0.994	0.983	1.00	1.000	0.997

CFA1 和 CFA2 中各项观察变量估计值的 t 值绝对值、潜变量的相关系数的 t 值绝对值均大于 2.58，表明各个估计参数已经达到 0.01 的显著水平。比较可见，CFA1 和 CFA2 两个模型的差异不显著（$\triangle \chi^2$（1）=1.628），而且 CFA2 的模型的拟合指数优于 CFA1，且均达到标准，这表明模型拟合得非常完美。所以选取 CFA2 进行下一步的分析。CFA2 如图 4-7 所示：

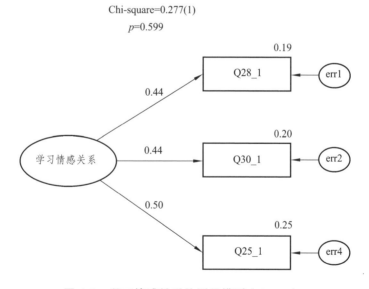

图 4-7　学习情感关系的测量模型（CFA2）

由表 4-14 可知，学习情感关系中的三个测量指标变量并非完全独立，而更倾向于一个整体。由图 4-7 可知，学习情感关系的三个测量指标变量在潜变量上的因子负荷都比较高（0.44～0.50），表明它们能有效地代表学习情感关系潜变量。

四、情感主观状况的测量设计和验证性因素分析

情感主观状况的考察包含对两个子成分的检验，即情感认知度和情感行为意向。

1. 描述统计和因子分析

问卷对情感主观状况的考察包含六个指标变量的检验，如表 4-15 所示：

表 4-15　问卷架构内容

潜变量	指标变量代码	指标变量问项
情感主观状况	Q10_1	您对情感的态度？
	Q17_1	您同意生活的未来是充满希望的吗？
	Q40c_1	应当尊重情感生活的隐私性
	Q40d_1	个人的情感是完全自由的
	Q40g_1	人与人之间的情感交往应当建立在利益交换的基础上
	Q40a_1	人没有爱情、亲情、友情这些情感的支持就不能活下去

以上测试共包含六个观测指标变量，其相关矩阵如表 4-16 所示：

表 4-16　情感主观状况指标变量的相关矩阵（N=384）

因子	Q17_1	Q40a_1	Q40c_1	Q40d_1	Q10_1	Q40g_1
Q17_1	1					
Q40a_1	0.066	1				
Q40c_1	0.186（**）	0.153（**）	1			
Q40d_1	0.122（*）	0.067	0.224（**）	1		
Q10_1	0.135（**）	0.271（**）	0.081	0.073	1	
Q40g_1	−0.030	0.063	0.001	0.089（*）	−0.088（*）	1

$**\quad p < 0.01\quad * \quad p < 0.05\qquad$ level（2-tailed）

指标变量	Q17_1	Q40a_1	Q40c_1	Q40d_1	Q10_1	Q40g_1
M	4.6198	4.4141	4.5755	3.6406	4.7240	2.1120
SD	0.88576	0.91857	0.60418	1.24158	0.69074	0.95072
Skew	−2.282	−1.949	−1.399	−0.452	−2.107	0.966
Kurtosis	4.614	3.603	2.265	-1.253	2.453	0.571

由表 4-16 可见，Q40c_1 除了与 Q40d_1 指标变量相关显著（$p < 0.01$）外，与其他指标变量的相关不显著；Q40g_1 与 Q40d_1 和 Q10_1 指标变量之间的相关显著（$p < 0.01$）外，与其他指标变量的相关不显著，而且 Q17_1 指标变量 Kurtosis 值大于 4，属于有偏分布，应剔除该变量，所有其他数据的偏度（Skew）均小于 3，峰度（Kurtosis）均小于 4，由此表明该数据达到了正态分布的标准（Mine，1998），可以进行下一步的模型建构。

2. 因子分析

在进行因子分析之前进行了 KMO 测度，得到的 KMO 系数为 0.52，Bartlett's Test 检验值 $p < 0.0001$，说明该指标变量量表可以做因子分析，旋转后的因子得分如表 4-17 所示：

表 4-17 旋转后的因子得分表

因子	因子得分	
	1	2
Q10_1	**0.800**	−0.077
Q40a_1	**0.683**	0.200
Q40c_1	0.317	**0.584**
Q40d_1	0.105	**0.728**
Q40g_1	−0.323	**0.567**

从表 4-17 因子得分可以看出，这六个指标变量可以归纳为两个因子，用这两个因子代表六个指标变量，可以解释 51.2%的误差。Q40g_1 和 Q40c_1 这两个指标变量因子投射不显著，而且考虑 Q40g_1 与 Q40d_1 和 Q10_1 指标变量之间的相关显著，分属两个因子，应剔除该问项。再次旋转后的因子得分如表 4-18：

表 4-18　旋转后的因子得分表

因子	因子得分	
	1	2
Q10_1	**0.800**	0.008
Q40a_1	**0.784**	0.113
Q40c_1	0.144	**0.755**
Q40d_1	−0.022	**0.802**

从表 4-18 因子得分可以看出，这六个指标变量可以归纳为两个因子，用这两个因子代表六个指标变量，可以解释 62.6%的误差。"您对情感的态度（Q10_1）""人没有爱情、亲情、友情这些情感的支持就不能活下去（Q40a_1）"两个指标变量可以归结为因子 1，取名为"情感认知度"因子；"应当尊重情感生活的隐私性（Q40c_1）""个人的情感是完全自由的（Q40d_1）"两个指标变量可以归结为因子 2，取名为"情感行为意向"因子。经过因子分析，情感的六个指标变量就由"情感认知度"和"情感行为意向"两个潜变量因子代替。

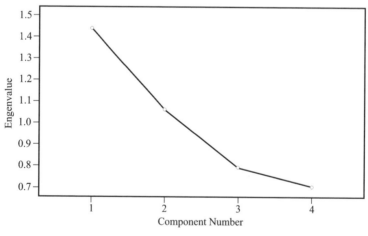

图 4-8　情感主观状况碎石图

3. 验证性因素分析

关于情感主观状况测量任务的因素分析，本研究用以下三个验证性因素分析模型来检验是否具有可分离性，还是倾向统一的整体。用以上六个指标变量做情感主观状况的验证性因素分析，共产生三个模型：

模型一（CFA1）：六项观测指标变量合成一个潜变量；

模型二（CFA2）：根据相关矩阵的提示，删除 Q17_1 和 Q40g_1 指标变量，剩余四个指标变量合成一个潜变量；

模型三（CFA3）：由 Q40a_1 和 Q10_1 四个指标变量合成一个潜变量，Q40c_1 和 Q40d_1 两个指标变量合成另一个潜变量。

根据建模过程中修正指数的提示和理论假设，以上三个测量模型中都允许 Q40b_1 与 Q40f_1 两个指标变量的误差相关，并允许信任关系的两个潜变量误差相关，因为它们每对变量使用的测量程序相近，故这样设置是合理的。虽然仍有其他指标变量误差相关，对应的修正指数比较大，但是没有依据可以让那些误差相关自由估计，故不再设置。

三个测量模型的统计拟合指数如表 4-19 所示：

表 4-19 情感的测量模型拟合指数

模型	df	χ^2	p	RMSEA	NFI	TLI	CFI	GFI	AGFI
CFA1	9	31.097	0.0001	0.080	0.661	0.520	0.712	0.974	0.939
CFA2	2	14.920	0.001	0.130	0.752	0.283	0.761	0.981	0.904
CFA3	**1**	**0.519**	**0.471**	**0.0001**	**0.991**	**1.053**	**1.000**	**0.999**	**0.993**

比较三个模型，CFA1 的拟合指标大部分没有达到标准，所以放弃 CFA1；CFA2 中，拟合指标大部分没有达到标准，所以放弃 CFA2；CFA3 中各项观察指标变量估计值的 t 值很小，显著水平 p 值为 0.471 大于 0.01。表明 CFA3 的模型与数据拟合较好，并且各个拟合指标全部达到标准。所以最后选择 CFA3 进入下一步的分析，其模型图如图 4-9 所示：

从表 4-19 和图 4-9 中可以看到，情感的多项测量任务，更倾向于聚类成两个潜变量，即情感认知度和情感行为意向。Q40d_1 指标变量对情感认知度潜变量的负荷相对比较低（0.34），但是也达到了显著水平，其余各项指标变量对情感两个潜变量的因子负荷都比较高（0.40—0.67），表明它们能被情感两个潜变量解释的最多，而且，信任认知度和信任行为意向的相关显著（0.34），这符合理论原理。

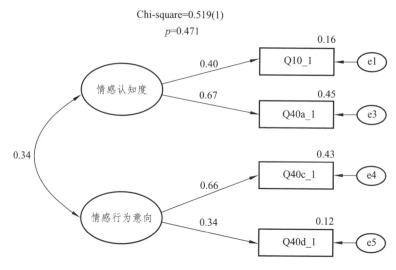

图 4-9　情感主观状况的测量模型（CFA3）

第四节　小　结

由以上分析得出结论信任关系态度的结构分为信任因素和情感因素两个部分，其中信任因素分为信任认知度和信任行为意向两个潜变量，情感因素又有情感客观状况和情感主观状况组成，经过因子分析和验证性因素分析，情感客观状况由家庭情感关系和学习情感关系两个潜变量来表征，情感主观状况由情感认知度和情感行为意向两个潜变量来表征。而且，各个潜变量是一个整体，其测量变量均能很好地代表各项潜变量。所有可测变量与潜变量的一一对应显示在表 4-20 中。

表 4-20　模型变量对应表

潜变量	可测变量
信任认知度	人与人之间越相互信任越好（Q40b_1） 人与人之间应当相互信任（Q40e_1） 人与人之间的信任是可以做到的（Q40f_1） 信任别人会得到好的回报（Q40l_1）

潜变量	可测变量
信任行为意向	在家靠父母, 出外靠朋友 (Q40i_1) 与人打交道还是谨慎点好 (Q40k_1)
家庭情感关系	您是否向您的父母亲口头上表示过爱他们的感情? (Q23_1) 您与父亲的关系怎样? (Q24_1) 您与母亲的关系怎样? (Q25_1)
学习情感关系	您与同学关系如何? (Q28_1) 如果您所在的学校或班级开展活动, 您喜欢参加吗? (Q30_1) 您重视学习环境中的人际关系吗? (Q35_1)
情感认知度	您对情感的态度? (Q10_1) 人没有爱情、亲情、友情这些情感的支持就不能活下去 (Q40a_1)
情感行为意向	应当尊重情感生活的隐私性 (Q40c_1) 个人的情感是完全自由的 (Q40d_1)

第五章 信任关系态度结构方程模型的验证

第一节 信任关系态度结构方程模型结构的设定

本研究在借鉴郭景萍教授对情感状况研究的基础上，结合心理学态度行为关系理论，提出了信任关系态度行为分析模式，并以此构建潜变量，建立信任关系态度预测行为的模型结构。根据构建的理论模型，通过问卷设计得到考研学生群体实际数据，然后利用对缺失值进行处理后的数据进行模型探索，并对最佳模型进行拟合、修正和解释。

结构方程模型分析过程可以分为模型构建、模型探索、模型修正以及模型解释四个步骤。下面使用 Amos 7.0 软件进行计算，阐述在实际应用中结构方程模型的构建、运算、修正与模型解释过程。

一、潜变量和可测变量的设定

本研究模型架构依各变量区分潜在自变量 ξ、潜在因变量 η、潜在自变量的观察指标 x、潜在因变量的观察指标 y 模型中共包含六个因素（潜变量）：信任认知度（$\xi1$）、学习情感关系（$\xi2$）、家庭情感关系（$\xi3$）、情感认知度（$\xi4$）、情感行为意向（$\eta2$）、信任行为意向（$\eta1$），其中前四个要素是前提变量，后两个因素是结果变量，前提变量综合决定并影响着结果变量（Eugene W. Anderson & Claes Fornell，2000；殷荣伍，2000）。设计的结构路径如图 5-1 所示：

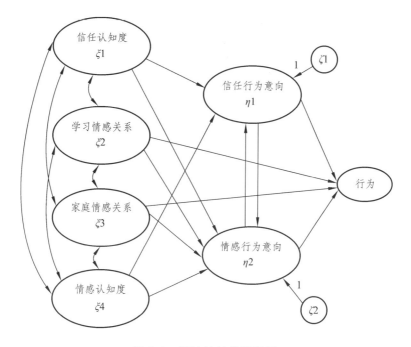

图 5-1　设计的结构路径图

二、模型的路径关系

➢　信任认知度对信任行为意向有路径影响

➢　信任认知度对情感行为意向有路径影响

➢　学习情感关系对情感行为意向有路径影响

➢　家庭情感关系对情感行为意向有路径影响

➢　情感认知度对情感行为意向有路径影响

➢　情感认知度对信任行为意向有路径影响

➢　信任行为意向对情感行为意向有路径影响

➢　情感行为意向对信任行为意向有路径影响

➢　信任认知度、学习情感关系、家庭情感关系、情感认知度相互之间有相关关系

三、模型中各因素的具体范畴

表 5-1　模型变量对应表

潜变量	可测变量
信任认知度 $\xi 1$	人与人之间越相互信任越好（Q40b_1） 人与人之间应当相互信任（Q40e_1） 人与人之间的信任是可以做到的（Q40f_1） 信任别人会得到好的回报（Q40l_1）
信任行为意向 $\eta 1$	在家靠父母，出外靠朋友（Q40i_1） 与人打交道还是谨慎点好（Q40k_1）
家庭情感关系 $\xi 3$	您是否向您的父母亲口头上表示过爱他们的感情吗（Q23_1） 您与父亲的关系怎样？（Q24_1） 您与母亲的关系怎样？（Q25_1）
学习情感关系 $\xi 2$	您与同学关系如何？（Q28_1） 如果您所在的学校或班级开展活动,您喜欢参加吗？（Q30_1） 您重视学习环境中的人际关系吗？（Q35_1）
情感认知度 $\xi 4$	您对情感的态度？（Q10_1） 人没有爱情、亲情、友情这些情感的支持就不能活下去（Q40a_1）
情感行为意向 $\eta 2$	应当尊重情感生活的隐私性（Q40c_1） 个人的情感是完全自由的（Q40d_1）

四、缺失值的处理

采用表列删除法，即在一条记录中，只要存在一项缺失，则删除该记录。最终得到 384 条数据，并基于这部分数据做分析。

第二节　数据的信度和效度检验

一、数据的信度检验

信度（reliability）指测量结果（数据）一致性或稳定性的程度。一致性主要反映的是测验内部题目之间的关系，考察测验的各个题目是否测量了相同的内容或特质。稳定性是指用一种测量工具（譬如同一份问卷）对同一群受试者进行不同时间上的重复测量结果间的可靠系数。如果问卷设计合理，重复测量的结果之间应该高度相关。由于本案例并没有进行多次重复测量，所以主要采用反映内部一致性的指标来测量数据的信度。

折半信度（split-half reliability）是将测量工具中的条目按奇偶数或前后分成两半，采用 Spearman-brown 公式估计相关系数，相关系数高表示内部一致性好。然而，折半信度系数是建立在两半问题条目分数的方差相等这一假设基础上的，但实际数据并不一定满足这一假定，因此信度往往被低估。Cronbach 在 1951 年提出了一种新的方法（Cronbach's Alpha 系数），这种方法将测量工具中任一条目结果同其他所有条目做比较，对量表内部一致性估计更为慎重，因此克服了折半信度的缺点。本研究采用 SPSS 11.0 研究数据的内部一致性。Cronbaca's Alpha 系数值 > 0.70 时，属于高信度；0.35 < Cronbaca's Alpha 值 < 0.70 时，属于尚可；Cronbaca's Alpha 值 < 0.35 则为低信度[1]。表 5-2 为本次调研的信度分析结果。

表 5-2　信度分析结果

Reliability Statistics	
Cronbach's Alpha	N of Items
0.709	16

由表 5-2 结果可知，总量表的 Cronbach's Alpha 系数达到了 0.709，表

---

① Gilford J P. Psychometric Methed[M]. 2 nd ed. New York: McGrall-Hill，1954.

明此量表属于高信度。另外，对问卷中每个潜变量的信度分别检验结果如表 5-3 所示。从表 5-3 可以看到，除情感认知度量表 Cronbaca's Alpha 系数为 0.466，比较低以外，其他分量表的 Alpha 系数均在 0.5 以上。

表 5-3　潜变量的信度检验

潜变量	可测变量个数	Cronbach's Alpha
信任认知度	4	0.689
信任行为意向	2	0.788
学习情感关系	3	0.548
家庭情感关系	3	0.710
情感认知度	2	0.466
情感行为意向	2	0.527

二、数据的效度检验

效度（validity）指测量工具能够正确测量出所要测量的特质的程度，分为内容效度（content validity）、效标效度（criterion validity）和结构效度（construct validity）三个主要类型。

内容效度也称表面效度或逻辑效度，是指测量目标与测量内容之间的适合性与相符性。对内容效度常采用逻辑分析与统计分析相结合的方法进行评价。逻辑分析一般由研究者或专家评判所选题项是否"看上去"符合测量的目的和要求。

准则效度又称效标效度、实证效度、统计效度、预测效度或标准关联效度，是指用不同的几种测量方式或不同的指标对同一变量进行测量，并将其中的一种方式作为准则（效标），用其他的方式或指标与这个准则做比较，如果其他方式或指标也有效，那么这个测量即具备效标效度。例如，X 是一个变量，我们使用 X_1、X_2 两种工具进行测量。如果使用 X_1 作为准则，并且 X_1 和 X_2 高度相关，我们就说 X_2 也是具有很高的效度。当然，使用这种方法的关键在于作为准则的测量方式或指标一定要是有效的，否则越比越差。现实中，我们评价效标效度的方法是相关分析或差异显著性检验，但是在调查问卷的效度分析中，选择一个合适的准则往往十分困难，也使这种方法的应用受到一定限制。

结构效度也称构想效度、建构效度或理论效度，是指测量工具反映概念和命题的内部结构的程度，也就是说如果问卷调查结果能够测量其理论特征，使调查结果与理论预期一致，就认为数据是具有结构效度的。它一般是通过测量结果与理论假设相比较来检验的。确定结构效度的基本步骤是，首先从某一理论出发，提出关于特质的假设，然后设计和编制测量并进行施测，最后对测量的结果采用相关分析或因子分析等方法进行分析，验证其与理论假设的相符程度。

在实际操作的过程中，前面两种效度（内容效度和准则效度）往往要求专家定性研究或具有公认的效标测量，因而是难以实现的，而结构效度便于可以采用多种方法来实现：

第一种方法是通过模型系数评价结构效度。如果模型假设的潜变量之间的关系以及潜变量与可测变量之间的关系合理，通过标准化系数可以比较不同指标间的效度。

第二种方法是通过相关系数评价结构效度。如果在理论模型中潜变量之间存在相关关系，可以通过潜变量的相关系数来评价结构效度：显著的相关系数说明理论模型假设成立，具有较好的结构效度。

第三种方法是先构建理论模型，通过验证性因子分析的模型拟合情况来对量表的结构效度进行考评。因此数据的效度检验就转化为结构方程模型评价中的模型拟合指数评价。

第三节　信任关系态度结构方程模型建构

研究依据信任态度的三要素：情感、认知和意向，结合上述分析，构建出如图 5-2 的信任关系态度的初始模型。

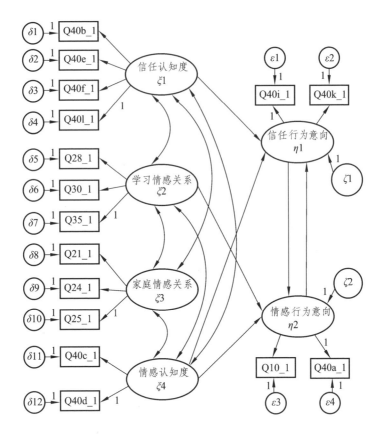

图 5-2 初始模型结构

说明：Q40e_1——人与人之间应当相互信任；Q40f_1——人与人之间的信任是可以做到的；Q40l_1——信任别人会得到好的回报；Q40i_1——在家靠父母，出外靠朋友；Q40k_1——与人打交道还是谨慎点好；Q28_1——与同学关系；Q30_1——喜欢参加学校或班级开展活动；Q35_1——重视学习环境中的人际关系；Q21_1——家是最温暖的地方；Q24_1——与父亲的关系；Q25_1——与母亲的关系；Q10_1——对情感的态度；Q40a_1——人离不开爱情、亲情、友情这些情感的支持；Q40c_1——应当尊重情感生活的隐私性；Q40d_1——个人的情感是完全自由的

一、收敛效度和区分效度的检验

假如许多观察变量归属于一个共同的潜变量，那么这些变量之间，至少应该存在中等程度的相关（反映了收敛效度）。如果相关系数低，它们就属于不同的潜变量（反映了区分效度）。假如用验证性因素分析能找到一个

独特的模型来很好地拟合数据，那么这就意味着，模型假设的结构充分反映了收敛和区分效度。我们也可以用因素分析的负荷量来判断收敛效度与区分效度。因素与变量的相关系数，称为因素负荷量（factor loading）。表5-4 为假设模型转轴后的因素负荷量矩阵。

表 5-4　假设模型转轴后的因素负荷量矩阵

	成分（因素）					
	1	2	3	4	5	6
Q40b_1	0.035	−0.187	**0.644**	0.208	−0.032	0.059
Q40e_1	0.031	0.045	0.290	**0.733**	0.026	0.136
Q40f_1	0.032	−0.055	0.041	**0.769**	0.094	0.080
Q40l_1	−0.109	−0.257	0.443	0.362	0.247	−0.137
Q28_1	0.114	−0.053	−0.002	−0.095	**0.711**	0.019
Q30_1	0.022	−0.039	−0.118	0.305	**0.580**	0.109
Q35_1	0.063	0.120	0.115	0.062	**0.687**	0.068
Q21_1	**0.682**	−0.052	0.184	−0.154	0.107	0.218
Q24_1	**0.731**	0.007	−0.151	0.129	−0.023	−0.042
Q25_1	**0.806**	0.115	−0.016	0.044	0.150	−0.048
Q40c_1	0.080	0.256	**0.481**	0.238	−0.123	0.155
Q40d_1	−0.072	0.182	**0.692**	−0.059	0.066	0.030
Q40i_1	0.037	**0.835**	0.119	0.006	−0.009	−0.042
Q40k_1	0.023	**0.849**	−0.047	−0.055	0.054	0.041
Q40a_1	0.022	0.065	0.235	0.039	0.148	**0.725**
Q10_1	0.038	−0.047	−0.084	0.151	0.028	**0.798**

萃取方法：主成分分析　旋转方法：Varimax with Kaiser Normalization

由表 5-4 可知，Q40b_1 在因素 3 上的因素负荷量（0.644）大于因素 4 的值（0.208），从实际情况分析，因素 3 代表的是 Q40c_1 和 Q40d_1 组成的潜变量，表达对情感的认知情况，Q40b_1 是针对信任度的测量，分属于不同的潜变量，显示区分效度较差，因此在路径图中去掉 Q40b_1，以增加此因素的区分效度。调整后的矩阵如表 5-5 所示：

表 5-5　转轴后的因素负荷量矩阵

	成分（因素）					
	1	2	3	4	5	6
Q28_1	0.109	−0.043	−0.098	**0.711**	0.014	0.002
Q30_1	0.032	−0.058	0.200	**0.599**	0.114	−0.074
Q35_1	0.055	0.137	0.109	**0.679**	0.066	0.075
Q21_1	**0.688**	−0.104	−0.137	0.096	0.206	0.292
Q24_1	**0.724**	0.044	0.112	−0.010	−0.029	−0.229
Q25_1	**0.807**	0.112	0.037	0.152	−0.045	−0.003
Q40c_1	0.087	0.195	0.324	−0.142	0.149	**0.525**
Q40d_1	−0.065	0.082	0.024	0.050	0.016	**0.827**
Q40i_1	0.036	**0.838**	0.014	−0.010	−0.036	**0.144**
Q40k_1	0.028	**0.849**	−0.083	0.051	0.044	0.025
Q40a_1	−0.002	0.110	0.120	0.153	**0.733**	0.091
Q10_1	0.050	−0.084	0.078	0.031	**0.795**	−0.002
Q40f_1	0.048	−0.080	**0.741**	0.096	0.087	0.003
Q40e_1	0.022	0.064	**0.786**	0.039	0.156	0.109
Q40l_1	−0.115	−0.272	**0.469**	0.240	−0.136	0.346

萃取方法：主成分分析　旋转方法：Varimax with Kaiser Normalization

由表 5-5 可知，对同一因素，其对应的题项的因素负荷量大于 0.5，就可以认为此变量的收敛效度佳。符合此条件的题项越多，则此变量的区别效度就越高。研究结果显示各个因素的因素负荷量均大于 0.5，六个潜变量因子显示良好的区分效度和收敛效度。调整后的模型如图 5-3 所示：

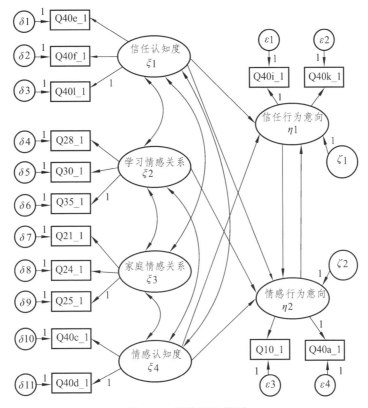

图 5-3　调整后的模型

说明：Q40e_1——人与人之间应当相互信任；Q40f_1——人与人之间的信任是可以做到的；Q40l_1——信任别人会得到好的回报；Q40i_1——在家靠父母，出外靠朋友；Q40k_1——与人打交道还是谨慎点好；Q28_1——与同学关系；Q30_1——喜欢参加学校或班级开展活动；Q35_1——重视学习环境中的人际关系；Q21_1——家是最温暖的地方；Q24_1——与父亲的关系；Q25_1——与母亲的关系；Q10_1——对情感的态度；Q40a_1——人离不开爱情、亲情、友情这些情感的支持；Q40c_1——应当尊重情感生活的隐私性；Q40d_1——个人的情感是完全自由的

二、模型探索

本部分主要依据问卷调查的数据进行分析，针对信任关系态度结构进行实证研究。对信任关系行为结构的研究，大多数是通过问卷调查，然后进行因素分析来析取因子。我们感兴趣的是：到底是情感行为意向影响信任行为意向呢？还是信任行为意向影响情感行为意向呢？还是这两个变量

之间都没有关系？在本研究中，由于各个潜变量元素之间的关系是互相影响的，是互为因果的，因此应该建立一个非递归模型来进行检验。递归模型与非递归模型可从两个角度来判别：（1）变量之间有无回溯关系；（2）残差（误差）之间是否具有残差相关（disturbance correlation）。表 5-6 显示了递归模型和非递归模型的差别。

表 5-6　递归模型、非递归模型的差别

	递归模型	非递归模型
变量之间有无回溯关系	无	有
残差（误差）之间是否具有残差相关	无	有

为了解信任情感态度的结构，随机选取调查所获得的 50%的数据，共 192 份，进行模型的探索，用 AMOS 7.0 统计软件进行分析。

为了得到一个最合理的模型，采用嵌套模型比较的方法（孟庆茂、侯杰泰，2001），即在设置模型的时候在第一个模型的基础上对第二个模型进行一些限制或修订。根据模型的拟合情况不断地进行修正直至建立一个拟合良好的模型。

在进行统计分析的时候，系统会自动给出一个饱和模型和一个独立模型。所谓的饱和模型就是所有的因素之间都有直接回归，表现在图 5-4 中就是所有的路径系数都不为零，这是所有的模型中限制最少的模型。根据理论分析，假设认知各因素之间存在如下几种模型：

饱和模型（saturated model）：这是系统自动给出的模型，是所有的模型中限制最少的模型，也是估计的基准模型。假设图形中所有的路径都不为零，因素间都有直接回归。

模型 1（M1）：以饱和模型为基础，排除信任行为意向（$\eta1$）和情感行为意向（$\eta2$）之间的直接回归以及信任行为意向潜变量的误差项（$\zeta1$）与情感行为意向潜变量的误差项（$\zeta2$）之间的路径，即图 5-4 中的 $r1=0$，$r2=0$，$r3=0$。

模型 2（M2）：以饱和模型为基础，排除信任行为意向潜变量的误差项（$\zeta1$）与情感行为意向潜变量的误差项（$\zeta2$）之间的相关，即 $r3=0$。

模型 3（M3）：以饱和模型为基础，同时排除信任行为意向（$\eta1$）对情感行为意向（$\eta2$）的直接回归和它们误差项之间的路径，即 $r1=0$，$r3=0$。

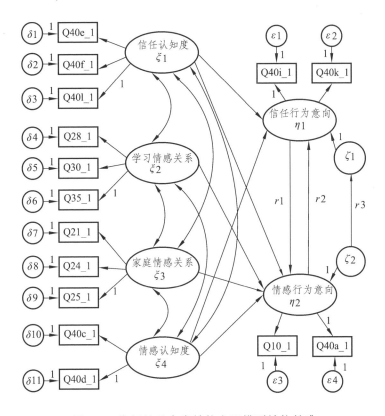

图 5-4　信任关系态度结构方程模型结构基准

模型 4（M4）：以饱和模型为基础，同时排除情感行为意向（$\eta2$）对信任行为意向（$\eta1$）的直接回归与它们之间误差项之间的路径，即 $r2=0$，$r3=0$。

独立模型（independence model）：这是系统自动给出的模型，也称为虚无模型（null model），是所有模型限制最多的模型，假定所有的因素都是独立因素，因素方差/协方差矩阵为对称固定参数矩阵，相应的因素载荷矩阵为零矩阵，误差矩阵为对角矩阵。

根据理论设定的 4 个模型加上系统自动给出的饱和模型和独立模型就有六个模型进行比较，最后选择一个最精简而又最合理的，即最佳的模型。表 5-7 即为六个模型的主要拟和指标。

表 5-7　六个模型的主要拟和指标

模型	NPAR	χ^2	df	p	χ^2/df	RMSEA	CFI	NFI	AIC
M1	42	91.43	78	0.142	1.172	0.021	0.976	0.863	175.4
M2	44	88.59	76	0.153	1.166	0.021	0.978	0.867	176.6
M3	43	91.21	77	0.125	1.187	0.022	0.975	0.863	177.2
M4	43	91.43	77	0.128	1.184	0.022	0.974	0.863	177.4
饱和	120	0.000	0						240.0
独立	15	665.0	105	0.000	6.333	0.118	0.000	0.000	695.0

如果卡方值与自由度之比小于 2，p 值大于 0.05，则模型较好；如果近似误差均方根（RMSEA）小于 0.05，CFI、NFI 大于 0.9，且越大越好，则模型较好；从模型的精简指数（AIC）看，小于饱和模型的精简指数，而且越小越好。综合这几个指标，从上表可以看出，在这些模型中可以确定模型 M2 是最好的模型，其他模型也符合标准。

为了进一步比较各个模型，AMOS 7.0 提供了验证性模型探索中适用于比较多个模型的参数：Zero-based（BCC_0）和 Zero-based（BIC_0），相较于 AIC，BCC 对于模型的复杂性有较重的处罚，Burnham and Anderson（1998）认为[1]，BCC 越小表示该模型较优，BCC 值在 0～2 之间，表示模型与数据拟合度好；对于 BIC，根据 Raftery（1995）[2]的解读，其值越大，越有"强烈的"证据认为，此模型应该被拒绝。表 5-8 即为 AIC_0、BCC_0、BIC_0 模型探索显示表。

表 5-8　AIC_0、BCC_0、BIC_0 模型探索显示表

模型	NPAR	df	C	C/df	p	AIC_0	BCC_0	BIC_0
M1	42	78	91.43	1.1722	0.142	0.000	0.000	0.0000
饱和	120	0	0.000			64.57	71.37	372.7
M2	44	76	88.59	1.1657	0.153	1.159	1.334	9.061
M6	43	77	91.43	1.1873	0.125	1.995	2.082	5.946
M3	43	77	91.20	1.1845	0.128	1.774	1.862	5.725

① Burnham K P, Anderson D R. Model selection and inference: A practical information-theoretic approach[M]. New York：Springer-verlag, 1998.
② Raftery A E. Bayesian model selection in structural equation models[M]//Bollen K A, Long J S. Testing Structural equation models. California: SAGE Publication, 1993: 163-180.

依据表 5-8 数据的显示结果，根据 Burnham and Anderson（1998）的看法，模型 M1 和 M2 是最佳模型，模型 M3 和 M6（$BCC_0=2.082$）参数值较大，模型拟合较差。模型 M1 和 M2 相比较，模型 M1 的 C/df 值小，p 值大，而且是所有模型中最小值，依据 Raftery（1995）的准则进一步判断，模型 M2（$BIC_0=9.061$）大于 M1，在本研究中有"肯定的"证据认为，模型 M2 的拟合度优于模型 M1，我们有"肯定的"证据认为，模型 M2 的拟合度优于模型 M1 之外的其他模型。图 5-5 即为 M2 的结构图。

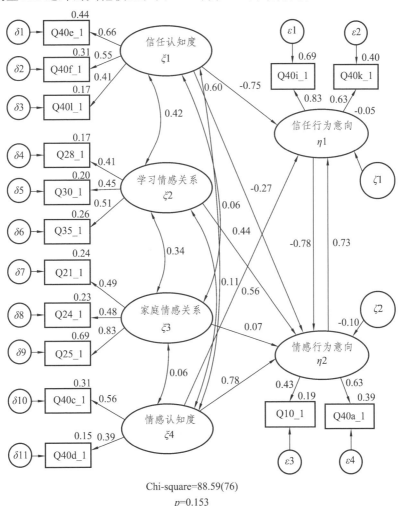

Chi-square=88.59(76)

p=0.153

图 5-5　模型 M2 的结构图

三、模型评价

评价一个模型时，必须检查多个拟合指数，而绝不能仅依赖其中的一个指数，一般情况下，一个好的拟合指数应该满足以下特点：不受样本容量的影响，取值在某一个范围并契合复杂模型。

1. 整体模型拟合评价

在结构方程模型中，试图通过统计运算方法（如最大似然法等）求出那些使样本方差协方差矩阵 S 与理论方差协方差矩阵 Σ 的差异最小的模型参数。换一个角度，如果理论模型结构对于收集到的数据是合理的，那么样本方差协方差矩阵 S 与理论方差协方差矩阵 Σ 差别不大，即残差矩阵（$\Sigma-S$）各个元素接近于 0，就可以认为模型拟合了数据。表 5-9 即为 M2 的测量模型拟合指数计算结果。

表 5-9　M2 的测量模型拟合指数计算结果

拟合指数	χ^2（df）	CFI	NFI	TLI	RMSEA	AIC	GFI	AGFI
结果	88.59（76）	0.978	0.867	0.969	0.021	176.59	0.971	0.953

从表 5-9 可以看出，初始模型运算结果的主要拟和指标除了 NFI 没有达到 0.90 外，TLI、CFI、GFI、AGFI 各项拟合指数均超过 0.95，近似误差均方根（RMSEA）0.021 < 0.05，达到最优拟合标准。卡方值与自由度之比（$\chi^2/df=1.195$）小于 2，显示模型与数据的配适度较好；p 值为 0.115 大于 0.05，可以判断模型与数据适合。综合以上指标，M2 是模型拟合最好的模型。

2. 路径系数/载荷系数的显著性

参数估计结果如表 5-10 到表 5-12，模型评价首先要考察模型结果中估计出的参数是否具有统计意义，需要对路径系数或载荷系数[①]进行统计显著性检验，这类似于回归分析中的参数显著性检验，原假设为系数等于 0。Amos 提供了一种简单便捷的方法，叫作 CR（Critical Ratio）。CR 值是一个 Z 统计量，使用参数估计值与其标准差之比构成。Amos 同时给出了 CR 的

[①] 潜变量与潜变量间的回归系数称为路径系数；潜变量与可测变量间的回归系数称为载荷系数。

统计检验相伴概率 p，使用者可以根据 p 值进行路径系数/载荷系数的统计显著性检验。如果 p 值小于 0.01，则可以认为这个路径系数在 95%的置信度下与 0 存在显著性差异。

表 5-10　系数估计结果

			标准化路径系数估计	S.E.	C.R.	p	Label	未标准化路径系数估计
$\eta2$	<---	$\zeta2$	0.441	0.489	1.472	0.141	par_10	0.720
$\eta1$	<---	$\zeta1$	−0.749	0.449	−2.214	0.027	par_13	−0.994
$\eta2$	<---	$\zeta4$	0.785	0.819	1.131	0.258	par_14	0.927
$\eta2$	<---	$\zeta3$	0.067	0.170	0.475	0.635	par_15	0.081
$\eta2$	<---	$\zeta1$	−0.268	0.795	−0.445	0.657	par_16	−0.353
$\eta1$	<---	$\zeta4$	0.564	0.310	2.165	0.030	par_22	0.670
Q40c_1	<---	$\zeta4$	0.558	0.162	4.255	***	par_1	0.691
Q35_1	<---	$\zeta2$	0.515					1.000
Q30_1	<---	$\zeta2$	0.449	0.349	4.318	***	par_2	1.506
Q25_1	<---	$\zeta3$	0.828					1.000
Q24_1	<---	$\zeta3$	0.482	0.147	5.471	***	par_3	0.802
Q21_1	<---	$\zeta3$	0.487	0.136	5.488	***	par_4	0.747
Q40d_1	<---	$\zeta4$	0.393					1.000
Q28_1	<---	$\zeta2$	0.414	0.217	4.205	***	par_5	0.911
Q40l_1	<---	$\zeta1$	0.415					1.000
Q40f_1	<---	$\zeta1$	0.553	0.240	5.451	***	par_6	1.306
Q40e_1	<---	$\zeta1$	0.665	0.211	5.541	***	par_7	1.168
Q40i_1	<---	$\eta1$	0.832					1.000
Q40k_1	<---	$\eta1$	0.630	0.184	4.081	***	par_8	0.751
Q10_1	<---	$\eta2$	0.432	0.147	3.526	***	par_9	0.519
Q40a_1	<---	$\eta2$	0.627					1.000
$\eta2$	<---	$\eta1$	−0.781	0.703	−1.105	0.269	par_11	−0.776
$\eta1$	<---	$\eta2$	0.728	0.505	1.452	0.146	par_12	0.733

注："***"表示 0.01 水平上显著，表中是相应的 C.R 值，即 t 值

表 5-11　方差估计

	方差估计	S.E.	C.R.	p	Label
$\xi4$	0.237	0.085	2.782	0.005	par_24
$\xi2$	0.124	0.037	3.365	***	par_25
$\xi3$	0.227	0.043	5.235	***	par_26
$\xi1$	0.190	0.057	3.330	***	par_27
$\zeta2$	0.363	0.272	1.331	0.183	par_28
$\zeta1$	0.351	0.193	1.824	0.068	par_29
$\delta4$	0.499	0.045	11.122	***	par_30
$\delta10$	0.251	0.034	7.321	***	par_31
$\delta6$	0.345	0.038	9.038	***	par_32
$\delta9$	0.105	0.038	2.768	0.006	par_33
$\delta8$	0.484	0.043	11.314	***	par_34
$\delta7$	0.408	0.036	11.207	***	par_35
$\varepsilon2$	0.286	0.050	5.783	***	par_36
$\varepsilon4$	0.511	0.102	5.010	***	par_37
$\varepsilon3$	0.387	0.038	10.210	***	par_38
$\delta3$	0.915	0.075	12.200	***	par_39
$\delta2$	0.737	0.072	10.180	***	par_40
$\delta1$	0.328	0.044	7.459	***	par_41
$\varepsilon1$	0.149	0.080	1.852	0.064	par_42
$\delta11$	1.300	0.112	11.588	***	par_43
$\delta5$	1.114	0.106	10.486	***	par_44

注："***"表示 0.01 水平上显著，表中是相应的 C.R 值，即 t 值。

表 5-12 协方差估计和相关性路径系数估计

			协方差估计	S.E.	C.R.	p	Label	相关系数估计
$\xi2$	<-->	$\xi1$	0.064	0.019	3.304	***	par_17	0.415
$\xi2$	<-->	$\xi3$	0.057	0.017	3.432	***	par_18	0.340
$\xi4$	<-->	$\xi3$	0.013	0.022	0.607	.544	par_19	0.056
$\xi3$	<-->	$\xi1$	0.012	0.016	0.772	.440	par_20	0.059
$\xi4$	<-->	$\xi2$	0.019	0.021	0.902	.367	par_21	0.111
$\xi4$	<-->	$\xi1$	0.129	0.037	3.505	***	par_23	0.605

注："***"表示 0.01 水平上显著，表中是相应的 C.R 值，即 t 值。

四、模型修正[①]

1. 模型修正的思路

模型拟合指数和系数显著性检验固然重要，但对于数据分析更重要的是模型结论一定要具有理论依据，换言之，模型结果要可以被相关领域知识所解释。因此，在进行模型修正时主要考虑修正后的模型结果是否具有现实意义或理论价值，当模型效果很差时[②]可以参考模型修正指标对模型进行调整。

当模型效果很差时，研究者可以根据初始模型的参数显著性结果和 Amos 提供的模型修正指标进行模型扩展（Model Building）或模型限制（Model Trimming）。模型扩展是指通过释放部分限制路径或添加新路径，使模型结构更加合理，通常在提高模型拟合程度时使用；模型限制是指通过删除[③]或限制部分路径，使模型结构更加简洁，通常在提高模型可识别性时使用。

[①] 关于案例中模型的拟合方法和模型修正指数详情也可参看书上第七章第三节和第四节。

[②] 如模型不可识别，或拟合指数结果很差。

[③] 譬如可以删除初始模型中不存在显著意义的路径。

Amos 提供了两种模型修正指标：修正指数（Modification Index）和临界比率（Critical Ratio）。[①]

修正指数用于模型扩展，是指对于模型中某个受限制的参数，若容许自由估计（譬如在模型中添加某条路径），整个模型改良时将会减少的最小卡方值。[②]使用修正指数修改模型时，原则上每次只修改一个参数，从最大值开始估算。但在实际中，也要考虑让该参数自由估计是否有理论依据。

临界比率用于模型限制，是计算模型中的每一对待估参数（路径系数或载荷系数）之差，并除以相应参数之差的标准差所构造出的统计量。在模型假设下，CR 统计量服从正态分布，所以可以根据 CR 值判断两个待估参数间是否存在显著性差异。若两个待估参数间不存在显著性差异，则可以限定模型在估计时对这两个参数赋以相同的值。

2. 本研究模型修正过程

在对本研究中，初始模型运算结果如表 5-14，各项拟合指数尚可。但从模型参数的显著性检验中可发现：

表 5-13　5%水平下不显著的估计参数

			Estimate	S.E.	C.R.	p	Label
$\eta2$	<---	$\xi3$	0.067	0.170	0.475	0.635	par_15
$\eta2$	<---	$\xi1$	−0.268	0.795	−0.445	0.657	par_16

排除上面表 5-10 中的路径系数在 0.05 的水平下不显著外，该模型其他各个参数在 0.05 水平下都是显著的，首先考虑去除 p 值较大的路径，即结构方程部分中信任认知度（$\xi1$）和家庭情感关系（$\xi3$）对情感行为意向（$\eta2$）两条不显著的路径。由于家庭情感关系（$\xi3$）的结构方程部分的平方复相关系数为 0.035，非常小。另外，从实际的角度考虑，考研学生一般都是即将毕业的学生，也就是在学校已经经历四年的学习生活，个人交往对象中

---

① 这个 CR 不同于参数显著性检验中的 CR，使用方法将在下文中阐明。
② 即当模型释放某个模型参数时，卡方统计量的减少量将大于等于相应的修正指数值。

多数是老师和同学，家庭的影响在此期间相比较弱，更重要的是，随着知识的增加，个人处事行为更理性，处世更成熟，因此感性行为出现较少。而信任认知度是明显的理性行为的表现，因此去掉其对情感行为意向的影响也是合理的。所以，考虑将两对潜变量的路径在本书的结构方程模型中去除。修改的模型如图 5-6 所示：

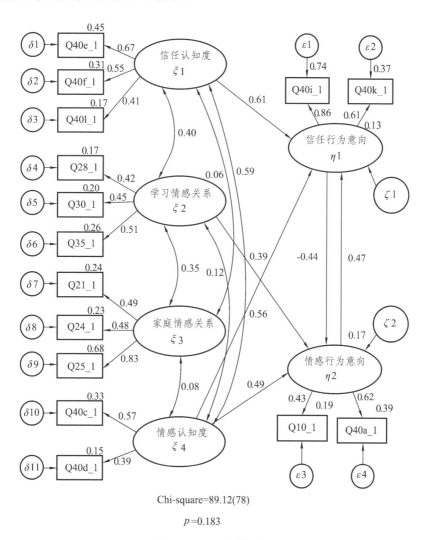

Chi-square=89.12(78)

p=0.183

图 5-6　修正的模型一

表 5-14　常用拟合指数计算结果

拟合指数	χ^2 (df)	CFI	NFI	TLI	RMSEA	AIC	GFI	AGFI
结果	89.12（78）	0.980	0.866	0.973	0.019	173.12	0.970	0.954

从表 5-14 可以看出，卡方值几乎没变，但自由度增加了，并且各拟合指数有所提高，最重要的是模型变简单了，因此做此改变是值得的。修正后模型的各个参数在 0.05 的水平下都是显著的，并且从实际考虑，各因子的各个路径也是合理存在的。

下面考虑通过修正指数对模型修正，$\delta8$ 与 $\delta11$ 的 MI 值为 5.768，表明如果增加 $\delta8$ 与 $\delta11$ 之间的残差相关的路径，则模型的卡方值会最少减小 5.768。从实际考虑，"您与父亲的关系怎样"（Q24_1）与"个人的情感完全是自由的"（Q40d_1）之间也确实存在相关。设想一下，对个人而言，追求情感的自由很大程度上是受其家庭的影响，特别是中国的家庭一般是父亲主导管理的，因此我们在追求自由情感这一问题上，与父亲的关系较为显著。因此考虑增加 $\delta8$ 与 $\delta11$ 的相关性路径。（这里的分析不考虑潜变量因子可测指标的更改，理由是我们在设计问卷的题目的信度很好，而且题目本身的设计也不允许这样做，以下同）

重新估计模型，重新寻找 MI 值较大的，$\delta4$ 与 $\delta1$ 的 MI 值较大，为 4.041，表明如果增加 $\delta4$ 与 $\delta1$ 之间的残差相关的路径，则模型的卡方值会减小较多。这也是"您与同学的关系如何"（Q28_1）与"人与人之间应当相互信任"（Q40e_1）之间也确实存在相关，因此考虑增加 $\delta4$ 与 $\delta1$ 的相关性路径。另外，从剩下的变量之间 MI 值没有可以做处理的变量，因此考虑 MI 值修正后的模型如图 5-7 所示：

表 5-15　5%水平下不显著的协方差相关路径

			Estimate	S.E.	C.R.	p	Label
$\xi4$	<-->	$\xi3$	0.013	0.022	0.607	0.544	par_19
$\xi3$	<-->	$\xi1$	0.012	0.016	0.772	0.440	par_20
$\xi4$	<-->	$\xi2$	0.019	0.021	0.902	0.367	par_21

除上面表 5-15 中的路径系数在 0.05 的水平下不显著外，该模型其他各个协方差参数估计在 0.05 水平下都是显著的，考虑依次去除 p 值较大的路径，即结构方程部分中情感认知度（$\xi4$）与家庭情感关系（$\xi3$）、信任认知度（$\xi1$）与家庭情感关系（$\xi3$）、情感认知度（$\xi4$）与学习情感关系（$\xi2$）之间的路径。修改的模型如图 5-8 所示：

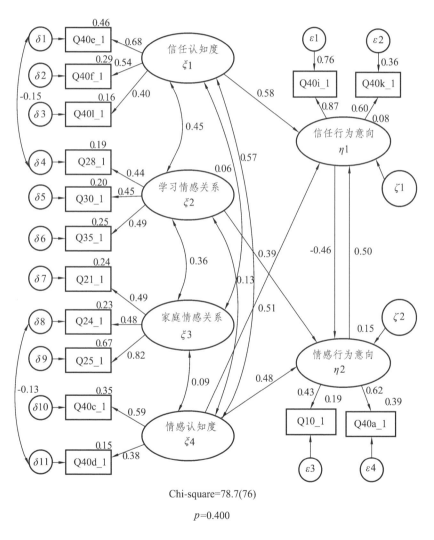

Chi-square=78.7(76)

p=0.400

图 5-7 修正的模型二

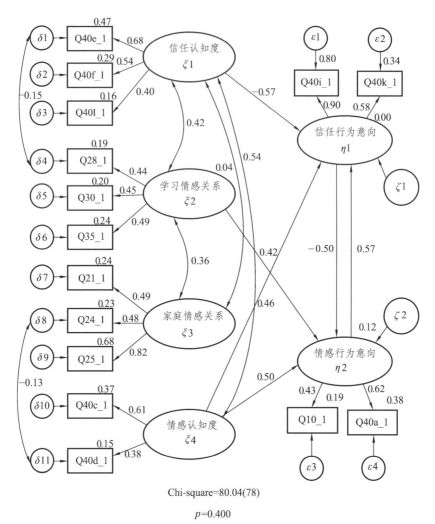

Chi-square=80.04(78)

p=0.400

图 5-8 修正的模型三

根据上面提出的如图 5-8 所示的模型，在 Amos 中运用极大似然估计运行的部分结果如表 5-17 所示。

表 5-16 常用拟合指数计算结果

拟合指数	χ^2(df)	CFI	NFI	TLI	RMSEA	AIC	GFI	AGFI
结果	80.70（79）	0.997	0.879	0.996	0.007	162.70	0.973	0.959

从表 5-16 可以看出，卡方值减小了很多，并且各拟合指数都得到了较大的改善。该模型的各个参数在 0.01 的水平下都仍然是显著的，各方程对应的测定系数增大。经过修正之后的模型是合理的，是可用于分析的模型。表 5-17 为各潜变量在外显指标上的负载和误差。

表 5-17　各潜变量在外显指标上的负载和误差（N=384）

外显指标	信任认知度（$\xi 1$）	学习情感关系（$\xi 2$）	家庭情感关系（$\xi 3$）	情感行为意向（$\eta 2$）	信任行为意向（$\eta 1$）	情感认知度（$\xi 4$）	误差负载
Q40e_1	0.681						0.313
Q40f_1	0.539						0.751
Q40l_1	0.401						0.926
Q28_1		0.442					0.484
Q30_1		0.446					1.117
Q35_1		0.489					0.356
Q21_1			0.490				0.407
Q24_1			0.484				0.482
Q25_1			0.821				0.108
Q40c_1				0.603			0.232
Q40d_1				0.384			1.309
Q40i_1					0.888		0.102
Q40k_1					0.590		0.309
Q10_1						0.431	0.387
Q40a_1						0.617	0.520
$\zeta 1$							0.374
$\zeta 2$							0.281

说明：Q40e_1——人与人之间应当相互信任；Q40f_1——人与人之间的信任是可以做到的；Q40l_1——信任别人会得到好的回报；Q40i_1——在家靠父母，出外靠朋友；Q40k_1——与人打交道还是谨慎点好；Q28_1——与同学关系；Q30_1——喜欢参加学校或班级开展活动；Q35_1——重视学习环境中的人际关系；Q21_1——家是最温暖的地方；Q24_1——与父亲的关系；Q25_1——与母亲的关系；Q10_1——对情感的态度；Q40a_1——人离不开爱情、亲情、友情这些情感的支持；Q40c_1——应当尊重情感生活的隐私性；Q40d_1——个人的情感是完全自由的

五、模型验证

1. 样本代表性验证：boot-strap

boot-strap（数据自抽样）是 Enfron（1982）所发展，在估计参数的样本统计量分布上是一个强有力的工具。所谓 Boot-strap sample 是指以原来的样本为抽样的总体，采用放回随机抽样法，抽取同一大小的子样本，如此重复此步骤所获得的样本称为 Boot-strap sample。接着进行每一Boot-strap sample 的参数估计，最后计算出每一参数的平均值与标准误差。

本研究尝证检验当前模型(M2)与样本数据的符合程度，采用 boot-strap 的方法（Arbuckle，1999，2000）随机选取 200 个进行参数估计验证。

Boot-strap 作 200 次抽样，所获得的 200 个样本，理论模型全部有解。进行 Bollen-Stine Bootstrap 检验，选择方差极大估计法，模型对 118 个样本解的拟合度优于当前的样本，82 个样本的拟合度比当前样本解差（P=0.408）。从图 5-9 也可以直观地看出，模型对绝大多数的样本拟合获得的似然卡方值小于 2。因此，可以确定设定的模型对于当前数据的拟合是良好的。

```
                           |--------------------
              59.710       |***
              65.734       |*********
              71.758       |***********
              77.782       |******************
              83.806       |***********
              89.830       |***********
              95.853       |****************
N=200        101.877       |*********
Mean=87.579  107.901       |****
S.e.=1.130   113.925       |*****
             119.949       |***
             125.973       |*
             131.997       |*
             138.021       |
             144.045       |*
                           |--------------------
```

图 5-9　Boot-strap 检验情感与信任关系模型获得的 χ^2 分布图

2. 交叉验证

交叉效度验证旨在确定理论模型对于新的数据样本的适宜度。对于前述探索得到的情感与信任关系模型，进一步验证这个模型是否适用于其他数据，即考察探索模型的数据样本与新的样本在模型中的路径系数是否相同（Ho：路径系数相同），也就是验证模型在不同样本间是否相等（invariant or equivalent），即效度样本维持了与测定模型相同的因素结构设定，参数无须再进行任何等同设定。

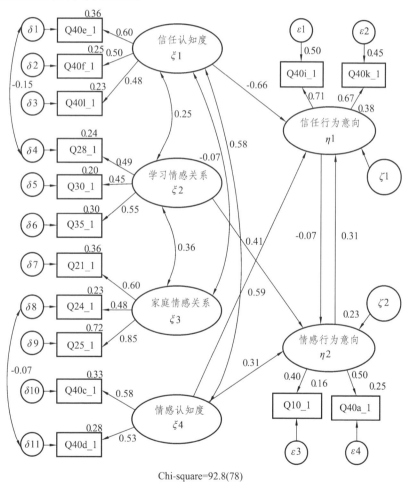

Chi-square=92.8(78)

p=0.100

图 5-10　交叉验证路径图

交叉效度验证的数据是调查所得数据随机抽取 50%后剩余的数据，共 192 份。进行交叉效度的验证，即所得模型图见图 5-10 及拟合的各项主要指标见表 5-18。

表 5-18　交叉验证模型指标结果

拟合指数	χ^2（df）	CFI	NFI	TLI	RMSEA	AIC	GFI	AGFI
结果	93.26（79）	0.951	0.766	0.935	0.031	175.26	0.940	0.909

综合前述模型探索部分所述模型拟合指数的意义和当前验证所获得的数据，可以确定进行交叉效度验证，不能推翻模型对于两个样本具有同样的和可以接受的拟合度。因此，探索得到的模型对新的样本数据模型适应良好。证明得到的模型（M2）在理论意义和数据拟合程度上都是可以接受的。

六、模型解释

结构方程模型主要作用是揭示潜变量之间（潜变量与可测变量之间以及可测变量之间）的结构关系，这些关系在模型中通过路径系数（载荷系数）来体现。

表 5-19　情感与信任关系各个元素之间的回归效应

			标准化路径系数估计	S.E.	C.R.	p	Label	未标准化路径系数估计
$\eta2$	<---	$\xi2$	0.420	0.225	3.152	0.002	par_10	0.710
$\eta1$	<---	$\xi1$	−0.572	0.358	−2.340	0.019	par_13	−0.837
$\eta2$	<---	$\xi4$	0.499	0.203	2.918	0.004	par_14	0.592
$\eta1$	<---	$\xi4$	0.47	0.237	2.593	0.010	par_17	0.614
$\eta1$	<---	$\eta2$	0.553	0.373	1.616	0.106	par_12	0.604
$\eta2$）	<---	$\eta1$	−0.493	0.292	−1.549	0.121	par_11	−0.452
$\xi2$	<-->	$\xi1$	0.057	0.017	3.348	***	par_15	0.405
$\xi2$	<-->	$\xi3$	0.056	0.015	3.593	***	par_16	0.351
$\xi4$	<-->	$\xi1$	0.109	0.032	3.370	***	par_20	0.544
$\delta8$	<-->	$\delta11$	−0.105	0.044	−2.366	0.018	par_18	−0.132
$\delta4$	<-->	$\delta1$	−0.057	0.027	−2.098	0.036	par_19	−0.147

注："***"表示 0.01 水平上显著，表中是相应的 C.R 值，即 t 值

说明：信任认知度（$\xi 1$）；学习情感关系（$\xi 2$）；家庭情感关系（$\xi 3$）；情感认知度（$\xi 4$）；信任行为意向（$\eta 1$）；情感行为意向（$\eta 2$）。

表5-20中，直接回归系数绝对值最大的是信任认知度（$\xi 1$）到信任行为意向（$\eta 1$），其次是情感行为意向（$\eta 2$）到信任行为意向（$\eta 1$），这表明他们之间的直接预测关系最强。而且信任认知度（$\xi 1$）到信任行为意向（$\eta 1$）的回归系数为负值。家庭情感关系（$\xi 3$）到情感行为意向（$\eta 2$）之间的回归不显著。因此我们可以得出结论：信任认知度对信任行为意向具有显著影响；情感行为意向对信任行为意向具有显著影响，同时信任行为意向对情感行为意向也具有显著影响，可以得出这个模型的"非递归现象"是存在的；从这里我们也可以这样推论：情感行为意向与信任行为意向是同时存在，互为影响的。家庭情感关系对情感行为意向没有显著影响。

在相关关系中，系数从大到小依次为$\xi 4$与$\xi 1$、$\xi 2$与$\xi 1$、$\xi 2$与$\xi 3$，而且t值均大于2.56，表明相关系数在0.01的水平上均显著。表明情感认知度与信任认知度之间、学习情感关系与信任认知度之间、学习情感关系与家庭情感关系之间的相互影响是显著的。而且，情感认知度与信任认知度之间的影响程度最大，学习情感关系与家庭情感关系之间的影响程度最小，最大与最小值相差一倍。此外，两个潜在内生变量，即情感行为意向和信任行为意向两者相互影响。对情感行为意向有直接影响的潜在外生变量为：情感认知度、学习情感关系和信任行为意向。对信任行为意向有直接影响的潜在外生变量为：信任认知度、情感认知度和情感行为意向。

对于修正模型，Amos输出的中各潜变量之间的直接效应、间接效应以及总效应如表5-20所示：

（1）直接效应（direct effect）指由原因变量（可以是外生变量或内生变量）到结果变量（内生变量）的直接影响，用原因变量到结果变量的路径系数来衡量直接效应。

（2）间接效应（indirect effect）指原因变量通过影响一个或者多个中介变量，对结果变量的间接影响。当只有一个中介变量时，间接效应的大小是两个路径系数的乘积。

（3）总效应（total effect）由原因变量到结果变量总的影响，它是直接效应与间接效应之和。即总效应=直接效应+间接效应。表中的数据表明在模型图中除了路径指示的直接效应以外，没有路径直接指示的两个因素之间存在着中介效应，即具有间接效应。其计算的方式是：

直接效应：$\gamma 21$

间接效应：$\gamma 11 * \beta 21$

总效应：$\gamma 21 + \gamma 21$

通常的原则是：如果直接效应＞间接效应，表示中介变量不发挥作用，研究者可忽略此中介变量；如果直接效应＜间接效应，表示中介变量具有影响力，研究者要重视此中介变量。

表 5-20　模型中各潜在变量之间的直接效应、间接效应以及总效应（标准化的结果）

	信任行为意向	情感行为意向	情感认知度
信任认知度 （直接效应）	−0.572** （−0.572）		
（间接效应）	0.123	0.222	
（总效应）	−0.450	0.222	
情感行为意向 （直接效应）	−0.493 （−0.493）		0.499** （0.499）
（间接效应）	0.106		−0.291
（总效应）	−0.387		0.208
学习情感关系 （直接效应）		0.420** （0.420）	
（间接效应）	0.183	−0.090	
（总效应）	0.183	0.330	
信任行为意向 （直接效应）		0.553 （0.553）	0.474** （0.474）
（间接效应）		−0.119	0.115
（总效应）		0.435	0.589

注："***"表示 0.01 水平上显著，括号中是相应的 C.R 值，即 t 值

表中给出的均是标准化后的参数，直接效应就是模型中的路径系数

比如利用表 5-20 的结果，情感认知度到信任行为意向的直接效应是 0.474，其间接效应为 0.115，表明二者之间存在着总效应，总效应为 0.474+0.115=0.589。这说明当其他条件不变时，"情感认知度"潜变量每提升 1 个单位，"信任行为意向"潜变量总共将提升 0.589 个单位。表中的数据表明，二者之间存在着总效应，如果二者之间的直接效应为零，那么就必然存在间接效应，表明这些因素之间借助于其他因素达成的影响。如"信任认知度"对"情感行为意向"的总效应为 0.222，直接效应为 0，因此间接效应为 0.222，表明"信任认知度"对"情感行为意向"的影响是通过"信任行为意向"这个中间变量实现的。

4. 效应的解释

SEM 分析的主要目的是探讨各潜在变量之间的效应，包括潜在外生变量和潜在内生变量之间的效应分解。从上述各潜在变量之间的直接效应、间接效应以及总效应值表可见，从总效应上看，情感认知度和信任认知度对信任行为意向影响最大，其对应的效应系数分别为 0.589 和-0.450，说明情感认知度和信任认知度越高，其相应的对信任行为意向影响越大。而且情感行为意向对信任行为意向的效应也不能忽视，其效应系数值为 0.435，表明情感行为意向越强烈，影响信任行为的强度越大，并且是正向影响。对情感行为意向影响最大的是信任行为意向，其次是学习情感关系，且前者效应系数为负，说明信任行为意向越强烈，情感行为反应越强，其相应的情感状态越差。学习情感关系对情感行为意向的影响同样显著，其效应为正效应。

第四节　小　结

信任认知度对信任行为意向既有直接效应又有间接效应，然而其对情感行为意向没有直接效应，但通过信任行为意向对情感行为意向存在间接影响，并且影响是显著的。情感认知度对信任行为意向和情感行为意向均有直接效应和间接效应，而且所有效应都是显著的。此外，学习情感关系不但对情感行为意向有直接效应，而且通过情感行为意向对信任行为意向有间接影响，直接效应既显著又大于间接影响。

学习情感关系对情感行为意向和信任行为意向都有效应，但是对情感行为意向有直接效应，对信任行为意向有间接效应。从图 5-10 中可以看出，学习情感关系可以通过情感行为意向作用于信任行为意向。对情感行为意向的直接效应的绝对值小于对信任行为意向间接效应的绝对值，说明学习情感关系对信任行为意向的影响较大。图 5-10 还可以看出，学习情感关系可以以情感行为意向为中介因素间接作用于信任行为意向。

家庭情感关系对情感行为意向的回归作用不显著。在模型中被剔除，没有在表中记录。

情感认知度对情感行为意向和信任行为意向都有作用，但是对情感行为意向有直接效应，对信任行为意向有间接效应。从图 5-10 中可以看出，情感认知度可以通过情感行为意向作用于信任行为意向。对情感行为意向的直接效应的绝对值小于对信任行为意向间接效应的绝对值，说明情感认知度对信任行为意向的影响较大。图 5-10 中清晰地表明了，情感认知度可以以情感行为意向为中介因素间接效应于信任行为意向。

第六章　信任关系态度结构方程模型的人口统计学分析

所谓的社会人口统计学是指被试的性别、年龄、民族、学历、居住地等方面的资料特征。由于信任关系态度结构方程模型研究中发现有明显的个体差异，故需要进行社会人口统计学的分析。本研究选取了被试者的性别、民族、学校等级以及居住地四个方面的社会人口统计学资料来考察他们各自的信任关系态度结构方程模型的特点。

一、研究目的

考察考研学生人口因素的信任关系态度结构方程模型的特点。

二、研究方法

本研究所使用的工具、程序和统计分析均与研究一相同。研究的被试为调查所获得人口统计学资料完整的资料 384 份。

三、基本人口学特征

本研究中，我们主要关注的是参加考研培训的学生，他们不仅包括在校学生也包括已经毕业或者参加工作又准备考试的人员，在我们随机抽取的样本中，总共发放了 500 份问卷，回收 436 份，回收率 87.2%，有效问卷 384 份，有效率为 88.1%，表 6-1 为考研学生基本情况。

在这 384 名调查对象中，其中男性有 144 人，为 37.5%，女性有 240 人，为 62.5%。调查对象的年龄情况为 18～25 岁的有 382 人，占 99.5%；26～30 岁的有 2 人，占 0.5%。从受教育程度方面看，高中及中专学历的有

2 人，占 0.5%；大专学历的有 3 人，占 0.8%；大学本科学历的有 379 人，占 98.7%。大学本科学历占据绝对比例，这些与国家规定的参加研究生考试必须达到大学本科学历这一规范有关。在个人状况的调查中，在校学生有 343 名，占 89.3%，已经毕业或者已经参加工作的人员有 39 人，占 10.2%；这与近几年国家教委公布的参加考研的学生中，应届毕业生占多数的情况基本相符。进一步分析在校生的情况，来自一本或者重点院校的学生有 124 人，占 32.5%，来自二本或三本院校的学生有 251 名，占 62.7%，以大专或同等学力准备参加考试的学生只有 7 人，占 1.8%。这些考试生的民族分布状况是：汉族 350 人，占 91.1%，其他民族 34 人，占 8.9%；政治面貌是：党员 115 人，占 30.2%，团员 253 人，占 66.4%，群众 13 人，占 3.45%；上学前的居住地是：农村学生 67 名，占 17.4%，县城或乡镇城市 124 人，占 32.3%，市级城市 193 人，占 50.3%。

表 6-1　考研学生基本情况分布表

		百分比（%）	频数
性别	男	37.5	144
	女	62.5	240
	总计	100	384
年龄	18-25 岁	99.5	382
	26-30 岁	0.5	2
	总计	100	384
个人状况	在校生	89.3	343
	已经毕业	10.2	39
	其他	0.5	2
	总计	100	384
学校等级	一本或重点院校	32.5	124
	二本或三本院校	65.7	251
	大专或同等学力	1.8	7
	总计	100	382

学历	高中及以下	0.5	2
	专科	0.8	3
	本科	98.7	379
	总计	100	384
民族	汉族	91.1	350
	其他民族	8.9	34
	总计	100	384
政治面貌	党员	30.2	115
	团员	66.4	253
	普通群众	3.4	13
	总计	100	381
居住地	农村	17.4	67
	县城或乡镇所在地	32.3	124
	市级城市	50.3	193
	总计	100	384

女性在整个考研人员构成中占据着相当大的比重，她们在这个群体中人数比例约高于男性 20 个百分点，不难理解在当前的就业压力下，女性的就业状况相比男性而言更不容乐观，这就催生了大量的女性大学毕业生投入到预备考研的行列中，一方面通过研究生阶段的继续深造来提高自身的素质；另一方面，由于席卷全球的金融危机，使得整个社会的就业率下降，经济的复苏需要时间，如果考研能够成功，个人就可以通过更高的学历来提高就业的机会。这也可能是最近几年参加考研的人数逐年增多的原因之一。个体先赋角色的差异会对个体的信任认知与情感行为产生不同的影响，上述这些变量所产生的影响将在后面的论述中进行更加详细的分析。为此，我们建构了如图 6-1 的比较分析模型：

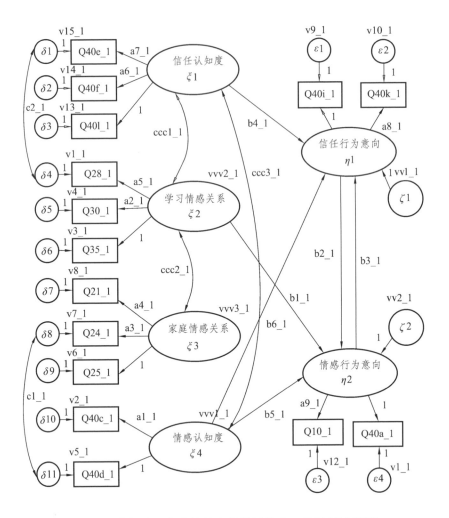

图 6-1　信任关系态度结构方程模型的人口统计基准模型

说明：Q40e_1——人与人之间应当相互信任；Q40f_1——人与人之间的信任是可以做到的；Q40l_1——信任别人会得到好的回报；Q40i_1——在家靠父母，出外靠朋友；Q40k_1——与人打交道还是谨慎点好；Q28_1——与同学关系；Q30_1——喜欢参加学校或班级开展活动；Q35_1——重视学习环境中的人际关系；Q21_1——家是最温暖的地方；Q24_1——与父亲的关系；Q25_1——与母亲的关系；Q10_1——对情感的态度；Q40a_1——人离不开爱情、亲情、友情这些情感的支持；Q40c_1——应当尊重情感生活的隐私性；Q40d_1——个人的情感是完全自由的

四、分析方法

在此，笔者采用多样本比较的方法来考察不同人口统计学变量的各个取值样本是否适合信任关系态度结构方程模型，以及表现出的群体特征差异。人口特征主要涉及考研学生群体的性别、民族、政治面貌、学校层次等几个方面。

第一节　信任关系态度结构方程模型的性别特点

从考研学生群体性别分布统计表可见，男性有 144 人，为 37.5%，女性有 240 人，为 62.5%。没有缺失值。表 6-2 即为考研学生群体性别描述统计表。

表 6-2　性别描述统计表

		频数	百分比	有效百分比	累积百分比
	男性	144	37.5	37.5	37.5
Valid	女性	240	62.5	62.5	100.0
	Total	384	100.0	100.0	

一、模型的拟合检验

为了检验性别对信任关系态度结构方程模型的影响，首先检验不同性别群体对于信任关系态度结构方程模型的各项指标。性别群体的信任关系态度模型计算结果如图 6-2 所示：

二、信任关系态度结构方程模型的性别检验结果

1. 近似误差均方根（RMSEA）检验

从表 6-3 的 RMSEA 的数据中，我们发现这模型的"模型与数据拟合"情形相当理想（RMSEA 均 < 0.05）。

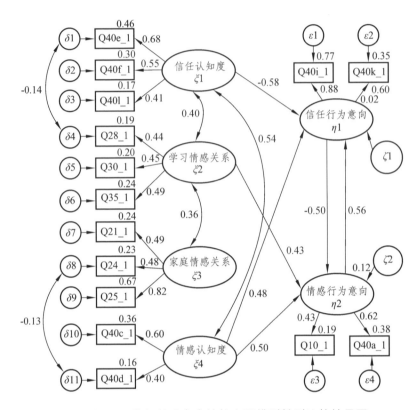

图 6-2　信任关系态度结构方程模型性别比较结果图

说明：Q40e_1——人与人之间应当相互信任；Q40f_1——人与人之间的信任是可以做到的；Q40l_1——信任别人会得到好的回报；Q40i_1——在家靠父母，出外靠朋友；Q40k_1——与人打交道还是谨慎点好；Q28_1——与同学关系；Q30_1——喜欢参加学校或班级开展活动；Q35_1——重视学习环境中的人际关系；Q21_1——家是最温暖的地方；Q24_1——与父亲的关系；Q25_1——与母亲的关系；Q10_1——对情感的态度；Q40a_1——人离不开爱情、亲情、友情这些情感的支持；Q40c_1——应当尊重情感生活的隐私性；Q40d_1——个人的情感是完全自由的

表 6-3　近似误差均方根（RMSEA）表

Model	RMSEA	LO 90	HI 90	PCLOSE
Unconstrained	0.000	0.000	0.015	1.000
Measurement weights	0.000	0.000	0.014	1.000
Structural weights	0.000	0.000	0.016	1.000
Structural covariance	0.000	0.000	0.020	1.000

Model	RMSEA	LO 90	HI 90	PCLOSE
Structural residuals	0.000	0.000	0.020	1.000
Measurement residuals	0.003	0.000	0.022	1.000
Independence model	0.083	0.077	0.089	0.000

2. 测量模型（Nested Model Comparisons）检验

在 Nested Model Comparisons(嵌套模型对比)项下，表 6-4 中 Assuming model Unconstrained to be correct（假设未设限模型为真的情况下），Measurement weights 模型（测量系数模型）的 $p=0.564 > 0.05$，表明男性和女性两组在测量模型系数（因素负荷量）上无显著差异或具有组间不变性，即性别所使用的信任关系态度结构方程模型是相同的。

表 6-4　Assuming model Unconstrained to be correct

Model	DF	CMIN	P	NFI Delta-1	IFI Delta-2	RFI rho-1	TLI rho2
Measurement weights	9	7.710	0.564	0.010	0.013	−0.001	−0.001
Structural weights	15	16.537	0.347	0.022	0.027	0.005	0.007
Structural covariance	22	30.896	0.098	0.041	0.051	0.017	0.024
Structural residuals	24	34.028	0.084	0.045	0.056	0.019	0.026
Measurement residuals	41	58.214	0.039	0.076	0.096	0.030	0.041

但是上表 6-4 说明的只是整体现象，也就是整体性的无差异卡方鉴定，可能会蒙蔽特定因素负荷量的组间效果，所以要利用"参数配对"来考察个别变量。原则是临界比率值的绝对值大于 1.96，则可解释为"在 0.05 的显著水平下，两组的系数值具有显著性差异"。如果统计量的绝对值大于 2.58 或者 3.29 时，则可解释为"在 0.01 或 0.001 的显著水平下，有显著性差异"。

本研究把 AMOS 运算的 Pairwise Parameter Comparisons（Unconstrained）分布表 6-5 中，与主题相关部分列为简表。通过临界比率数值对比来检查两组群体在测量模型系数上的情况。

表 6-5　Pairwise Parameter Comparisons（Unconstrained）分布简表（节选 1）

	a1_1	a2_1	a3_1	a4_1	a5_1	a6_1	a7_1	a8_1	a9_1
a1_2	**0.100**	−2.265	0.537	0.760	−0.292	−1.053	−1.252	0.776	0.584
a2_2	1.068	**−0.990**	1.456	1.590	0.872	0.012	−0.227	1.588	1.467
a3_2	0.602	−1.946	**1.279**	1.531	0.273	−0.702	−0.934	1.463	1.252
a4_2	0.576	−1.976	1.256	**1.512**	0.240	−0.727	−0.958	1.444	1.230
a5_2	0.510	−1.736	0.937	1.110	**0.228**	−0.615	−0.838	1.115	0.961
a6_2	1.306	−1.344	2.146	2.382	1.094	**−0.118**	−0.395	2.260	2.060
a7_2	0.564	−2.023	1.289	1.562	0.217	−0.758	**−0.988**	1.475	1.250
a8_2	0.833	−1.510	1.352	1.534	0.580	−0.372	−0.614	**1.512**	1.351
a9_2	−0.619	−2.872	−0.453	−0.209	−1.183	−1.631	−1.781	−0.086	**−0.293**

查询表 6-5 中统计量的临界比率绝对值为：a1_1 与 a1_2 为 0.100，a2_1 与 a2_2 为 0.990，a3_1 与 a3_2 为 1.279，a4_1 与 a4_2 为 1.512，a5_1 与 a5_2 为 0.228，a6_1 与 a6_2 为 0.118，a7_1 与 a7_2 为 0.988，a8_1 与 a8_2 为 1.512，a9_1 与 a9_2 为 0.293，所有值均小于 1.96，故可得出结论：在 0.05 的显著水平下，载荷系数没有显著性差异。换句话说，在男性与女性两组之间，模型中的 14 个测量变量分别对六个潜变量的影响均无显著性的差异。

3. 结构模型（Nested Model Comparisons）检验

在 Nested Model Comparisons（嵌套模型对比）项下，用表 6-6 的 Assuming model Measurement weights to be correct（假设测量模型为真的情况下）来检查结构模型。Structural weights 模型（结构系数模型）的 p=0.184 > 0.05，表明男性和女性两组在信任关系态度结构方程模型结构模型系数上无显著差异。

表 6-6　Assuming model Measurement weights to be correct

Model	DF	CMIN	p	NFI Delta-1	IFI Delta-2	RFI rho-1	TLI rho2
Structural weights	6	8.826	0.184	0.012	0.015	0.006	0.008
Structural covariance	13	23.186	0.039	0.030	0.039	0.018	0.024
Structural residuals	15	26.318	0.035	0.035	0.044	0.020	0.027
Measurement residuals	32	50.504	0.020	0.066	0.085	0.030	0.042

表 6-7 Pairwise Parameter Comparisons（Unconstrained）分布简表（节选 2）

	b1_1	b2_1	b3_1	b4_1	b5_1	b6_1
b1_2	**-0.638**	2.162	-0.626	1.828	-0.381	-0.880
b2_2	-2.023	**0.204**	-1.678	1.030	-1.596	-1.538
b3_2	-1.481	1.672	**-1.119**	1.589	-0.962	-1.151
b4_2	-3.726	-0.153	-2.324	**0.954**	-2.439	-1.793
b5_2	-1.345	2.543	-0.940	1.768	**-0.745**	-1.037
b6_2	-1.736	2.259	-1.129	1.671	-0.981	**-1.135**

查询表 6-7 统计量的临界比率绝对值为：b1_1 与 b1_2 为 0.638，b2_1 与 b2_2 为 0.204，b3_1 与 b3_2 为 1.119，b4_1 与 b4_2 为 0.954，b5_1 与 b5_2 为 0.745，b6_1 与 b6_2 为 1.135，所有值均小于 1.96，故可得出结论：在 0.05 的显著水平下，在男性和女性两组之间，信任关系态度结构方程模型中六个潜变量的路径系数没有显著性差异。换句话说，"情感行为意向"与"信任行为意向"之间的交互影响，"信任认知度"和"情感认知度"对"信任行为意向"，"情感认知度"与"学习情感关系"对"情感行为意向"的影响均无显著性的差异。

4. 协方差分析（Nested Model Comparisons）检验

在 Nested Model Comparisons（嵌套模型对比）项下，用表 6-8 的 Assuming model Structural covariance to be correct（假设结构模型协方差为真的情况下）来检查结构模型。Structural residuals 模型（结构协方差模型）的 $p=0.209 > 0.05$，表明男性和女性两组在信任关系态度结构方程模型相关系数上无显著差异。

表 6-8 Assuming model Structural covariance to be correct

Model	DF	CMIN	p	NFI Delta-1	IFI Delta-2	RFI rho-1	TLI rho2
Structural residuals	2	3.132	0.209	0.004	0.005	0.002	0.003
Measurement residuals	19	27.318	0.097	0.036	0.047	0.013	0.017

表 6-9　Pairwise Parameter Comparisons（Unconstrained）分布简表（节选 3）

	ccc1_1	ccc2_1	ccc3_1	c1_2	c2_2
ccc1_2	0.837	−0.585	−0.037		
ccc2_2	−0.488	−1.963	−0.989		
ccc3_2	1.512	0.469	0.742		
c1_2				0.215	−1.287
c2_2				0.412	−1.477

查询表 6-9 中统计量的临界比率绝对值为：ccc1_1 与 ccc1_2 为 0.837，ccc2_1 与 ccc2_2 为 1.963，ccc3_1 与 ccc3_2 为 0.742，c1_1 与 c1_2 为 0.215，c2_1 与 c2_2 为 1.477，可以看出除了 ccc2_1 的临界比率 1.962 略微大于 1.96 外，其他所有值均小于 1.96，故可得出结论：在 0.05 的显著水平下，在男性和女性两组之间，除了"学习情感关系"与"家庭情感关系"之间有显著性差异外，"信任认知度"与"学习情感关系"和"情感认知度"两两之间均无显著性的差异。

5. 残差分析（Nested Model Comparisons）检验

在 Nested Model Comparisons（嵌套模型对比）项下，用表 6-10 的 Assuming model Structural residuals to be correct（假设结构模型残差为真的情况下）来检查结构模型。Measurement residuals 模型（结构残差模型）的 $p=0.114 > 0.05$，表明男性和女性两组在信任关系态度结构模型残差上无显著差异。

表 6-10　Assuming model Structural residuals to be correct

Model	DF	CMIN	p	NFI Delta-1	IFI Delta-2	RFI rho-1	TLI rho2
Measurement residuals	17	24.186	0.114	0.032	0.042	0.011	0.015

表 6-11　Pairwise Parameter Comparisons（Unconstrained）分布简表（节选 4）

.	vvv1_1	vvv2_1	vvv3_1	vvv4_1	vv1_1	vv2_1
vvv1_2	**0.901**	0.992	−0.298	0.919		
vvv2_2	−0.388	**−0.804**	−2.406	−0.537		

	vvv1_1	vvv2_1	vvv3_1	vvv4_1	vv1_1	vv2_1
vvv3_2	0.315	0.335	**−1.568**	0.291		
vvv4_2	0.745	0.892	−0.782	**0.773**		
vv1_2					**−0.971**	−0.269
vv2_2					−0.572	**0.323**

查询表 6-11 简表统计量的临界比率绝对值为：vv1_1 与 vv1_2 为 0.971，vv2_1 与 vv2_2 为 0.323，vvv1_1 与 vvv1_2 为 0.901，vvv2_1 与 vvv2_2 为 0.804，vvv3_1 与 vvv3_2 为 1.568，vvv4_1 与 vvv4_2 为 0.773，所有值均小于 1.96，故可得出结论：在 0.05 的显著水平下，在男性和女性两组之间，模型中的六个潜变量没有显著性差异。即是说，"信任认知度""情感行为意向""信任行为意向""情感认知度""学习情感关系""家庭情感关系"六个潜变量的残差均无显著性的差异。

二、模型的性别群体特点

表 6-12　信任关系态度结构方程模型的性别效应（标准化的结果）

		信任认知度（ξ1）		学习情感关系（ξ2）		情感认知度（ξ4）		信任行为意向（η1）		情感行为意向（η2）	
		男	女	男	女	男	女	男	女	男	女
总效应	η1	−0.559	−0.575	0.330	0.107	0.848	0.497	−0.354	−0.089	0.477	0.335
	η2	0.415	0.154	0.448	0.290	−0.016	0.270	−0.480	−0.243	−0.354	−0.089
直接效应	η1	−0.866	−0.632	0.000	0.000	0.860	0.397	0.000	0.000	0.738	0.368
	η2	0.000	0.000	0.693	0.319	0.614	0.402	−0.743	−0.267	0.000	0.000
间接效应	η1	0.307	0.057	0.330	0.107	−0.012	0.099	−0.354	−0.089	−0.261	−0.033
	η2	0.415	0.154	−0.245	−0.029	−0.630	−0.133	0.263	0.024	−0.354	−0.089

注：表中给出的均是标准化后的参数，直接效应就是模型中的路径系数

说明：信任认知度（ξ1）；学习情感关系（ξ2）；家庭情感关系（ξ3）；情感认知度（ξ4）；信任行为意向（η1）；情感行为意向（η2）

从表 6-12 中可以清晰地看出，信任认知度（ξ1）对信任行为意向（η1）和情感行为意向（η2）都有效应，但对后者没有直接效应，对前者的直接效应值为负值，且对所有的因素的间接效应均为正值；信任认知度（ξ1）对信任行为意向（η1）的直接效应和总效应值都为负值，而情感行为意向（η2）的直接效应和总效应值都为正值；

学习情感关系（ξ2）对信任行为意向（η1）和情感行为意向（η2）都有效应，但对前者没有直接效应，对后者的直接效应值为正值，且对所有的因素的间接效应均为正值；

情感认知度（ξ4）对信任行为意向（η1）和情感行为意向（η2）都有效应，既有直接效应又有间接效应，效应值直接效应大都为正值，而间接效应都为负值。

信任行为意向（η1）和情感行为意向（η2）之间相互都有效应，但前者对后者的效应值为负值，而后者对前者的效应值为正值。情感行为意向（η2）对信任行为意向（η1）的影响效应的绝对值大于信任行为意向（η1）对情感行为意向（η2）的值。

在男性与女性的情感与信任关系结构中，男性结构的各个效应的绝对值均大于女性的各个效应值的绝对值。

第二节　信任关系态度结构方程模型的民族特点

从考研学生群体民族分布统计表（见表 6-13）可见，汉族有 350 人，为 91.1%，其他民族有 34 人，为 8.9%。样本没有缺失值。

表 6-13　民族特点分布情况

		频数	百分比	有效百分比	累积百分比
Valid	汉族	350	91.1	91.1	91.1
	其他民族	34	8.9	8.9	100.0
	Total	384	100.0	100.0	

一、模型的拟合检验

为了检验民族对信任关系态度结构方程模型的影响，采用多样本来检验不同民族群体对于信任关系态度结构方程模型的各项指标。民族群体的信任关系态度模型计算结果如图 6-3 所示：

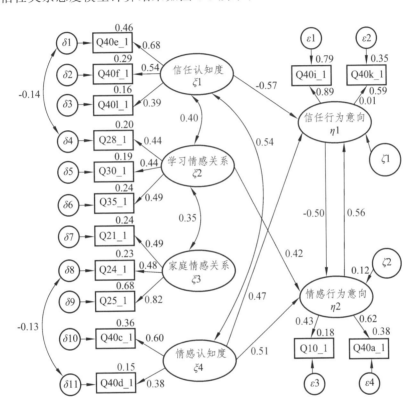

图 6-3　信任关系态度结构方程模型民族结构图

说明：Q40e_1——人与人之间应当相互信任；Q40f_1——人与人之间的信任是可以做到的；Q40l_1——信任别人会得到好的回报；Q40i_1——在家靠父母，出外靠朋友；Q40k_1——与人打交道还是谨慎点好；Q28_1——与同学关系；Q30_1——喜欢参加学校或班级开展活动；Q35_1——重视学习环境中的人际关系；Q21_1——家是最温暖的地方；Q24_1——与父亲的关系；Q25_1——与母亲的关系；Q10_1——对情感的态度；Q40a_1——人离不开爱情、亲情、友情这些情感的支持；Q40c_1——应当尊重情感生活的隐私性；Q40d_1——个人的情感是完全自由的

二、信任关系态度结构方程模型的民族分析结果

1. 近似误差均方根（RMSEA）检验

从表 6-14 中 RMSEA 的数据中，我们发现信任关系态度结构方程模型的"模型与数据拟合"情形相当良好（RMSEA 值均 < 0.05）。

表 6-14　误差均方根表（RMSEA）

Model	RMSEA	LO 90	HI 90	PCLOSE
Unconstrained	0.000	0.000	0.023	1.000
Measurement weights	0.008	0.000	0.025	1.000
Structural weights	0.016	0.000	0.029	1.000
Structural covariance	0.016	0.000	0.028	1.000
Structural residuals	0.015	0.000	0.028	1.000
Measurement residuals	0.018	0.000	0.029	1.000
Independence model	0.085	0.079	0.091	0.000

2. 测量模型（Nested Model Comparisons）检验

在 Nested Model Comparisons（嵌套模型对比）项下，在表 6-15 中的 Assuming model Unconstrained to be correct（假设未设限模型为真的情况下），Measurement weights 模型（测量系数模型）的 $p=0.116 > 0.05$，表明汉族和其他民族两组在信任关系态度结构方程模型测量模型载荷系数（因素负荷量）上无显著差异，即各个民族所使用的信任关系态度结构方程模型是相同的。

表 6-15　Assuming model Unconstrained to be correct

Model	DF	CMIN	p	NFI Delta-1	IFI Delta-2	RFI rho-1	TLI rho2
Measurement weights	9	14.191	0.116	0.018	0.023	0.008	0.011
Structural weights	15	32.717	0.005	0.042	0.052	0.028	0.037
Structural covariance	22	40.071	0.011	0.051	0.064	0.027	0.037
Structural residuals	24	41.563	0.014	0.053	0.066	0.026	0.035
Measurement residuals	41	66.564	0.007	0.084	0.106	0.035	0.047

但是上述说明的只是整体现象，也就是整体性的无差异卡方鉴定，可能会蒙蔽特定因素负荷量的组间效果，所以要利用"参数配对"来考察个别变量。原则是临界比率值的绝对值大于1.96，则可解释为"在0.05的显著水平下，两组的系数值具有显著性差异"。如果统计量的绝对值大于2.58或者3.29时，则可解释为"在0.01或0.001的显著水平下，有显著性差异"。

本研究把AMOS运算的Pairwise Parameter Comparisons（Unconstrained）分布列为简表6-16。通过临界比率数值对比来检查两组群体在测量模型系数上的结果。

表6-16　Pairwise Parameter Comparisons（Unconstrained）分布简表（节选1）

	a1_1	a2_1	a3_1	a4_1	a5_1	a6_1	a7_1	a8_1	a9_1
a1_2	**0.831**	−0.247	0.655	0.788	0.481	−0.028	0.319	0.939	0.998
a2_2	−2.731	**−3.719**	−2.993	−2.845	−3.092	−3.646	−3.318	−2.595	−2.536
a3_2	−0.544	−2.169	**−0.923**	−0.673	−1.151	−2.010	−1.482	−0.334	−0.227
a4_2	1.159	−0.678	0.853	**1.106**	0.517	−0.359	0.234	1.351	1.468
a5_2	0.280	−1.033	0.044	0.217	**−0.163**	−0.802	−0.377	0.420	0.496
a6_2	−1.167	−2.675	−1.565	−1.324	−1.743	**−2.575**	−2.084	−0.956	−0.856
a7_2	0.898	0.691	0.864	0.889	0.833	0.736	**0.802**	0.918	0.929
a8_2	0.681	−1.470	0.252	0.596	−0.141	−1.217	−0.527	**0.940**	1.097
a9_2	−1.097	−3.015	−1.928	−1.502	−1.985	−3.162	−2.605	−0.713	**−0.534**

查询表6-16中统计量的临界比率绝对值为：a1_1与a1_2为0.831，a2_1与a2_2为3.719，a3_1与a3_2为0.923、a4_1与a4_2为1.106，a5_1与a5_2为0.163，a6_1与a6_2为2.575，a7_1与a7_2为0.802，a8_1与a8_2为0.940，a9_1与a9_2为0.534，除了a2_1和a6_1的值大于1.96外，其他所有值均小于1.96，故可得出结论：在0.05的显著水平下，在测量模型载荷系数上无显著差异。即是说，在汉族和其他民族两组之间，模型中的Q40c_1和Q40f_1这两个载荷系数不显著，其他12个测量变量分别对六个潜变量的影响均无显著性的差异。

3. 结构模型（Nested Model Comparisons）检验

在 Nested Model Comparisons（嵌套模型对比）项下，用表 6-17 中的 Assuming model Measurement weights to be correct（假设测量模型为真的情况下）来检查结构模型。Structural weights 模型（结构系数模型）的 $p=0.005$ ＜0.05，表明汉族和其他民族两组学生在信任关系态度结构方程模型系数上有显著差异。

表 6-17　Assuming model Measurement weights to be correct

Model	DF	CMIN	p	NFI Delta-1	IFI Delta-2	RFI rho-1	TLI rho2
Structural weights	6	18.526	0.005	0.024	0.030	0.019	0.026
Structural covariance	13	25.880	0.018	0.033	0.042	0.019	0.025
Structural residuals	15	27.372	0.026	0.035	0.044	0.018	0.024
Measurement residuals	32	52.373	0.013	0.066	0.084	0.026	0.036

表 6-18　Pairwise Parameter Comparisons（Unconstrained）分布表（节选 2）

	b1_1	b2_1	b3_1	b4_1	b5_1	b6_1
b1_2	**1.630**	1.442	1.299	0.985	1.286	1.432
b2_2	0.541	**0.363**	0.232	−0.069	0.215	0.354
b3_2	1.569	0.911	**0.412**	−0.672	0.367	0.877
b4_2	−0.450	−0.724	−0.915	**−1.389**	−0.952	−0.738
b5_2	1.623	1.541	1.480	1.343	**1.473**	1.537
b6_2	−0.422	−0.565	−0.666	−0.910	−0.683	**−0.572**

查询表 6-18 简表统计量的临界比率绝对值为：b1_1 与 b1_2 为 1.630，b2_1 与 b2_2 为 0.363，b3_1 与 b3_2 为 0.412，b4_1 与 b4_2 为 1.389，b5_1 与 b5_2 为 1.473，b6_1 与 b6_2 为 0.572，所有值均小于 1.96，故可得出结论：在 0.05 的显著水平下，汉族和其他民族两组学生之间相比，信任关系态度结构方程模型中的六个潜变量路径系数没有显著差异。具体情况是："情感行为意向"与"信任行为意向"之间的交互影响，"信任认知度"和"情感认知度"对"信任行为意向"，"情感认知度"与"学习情感关系"对"情感行为意向"的影响均无显著性的差异。

4. 协方差分析（Nested Model Comparisons）检验

在 Nested Model Comparisons（嵌套模型对比）项下，用表 6-19 中的 Assuming model Structural covariance to be correct（假设结构模型协方差为真的情况下）来检查结构模型。Structural residuals 模型（结构协方差模型）的 $p=0.474>0.05$，表明汉族学生和其他民族学生之间在信任关系态度结构方程模型相关系数上无显著差异。

表 6-19　Assuming model Structural covariance to be correct

Model	DF	CMIN	P	NFI Delta-1	IFI Delta-2	RFI rho-1	TLI rho2
Structural residuals	2	1.492	0.474	0.002	0.002	-0.001	-0.00
Measurement residuals	19	26.493	0.117	0.034	0.044	0.008	0.010

表 6-20　Pairwise Parameter Comparisons（Unconstrained）分布简表（节选 3）

	ccc1_1	ccc2_1	ccc3_1	c1_2	c2_2
ccc1_2	-2.232	-2.000	-2.725		
ccc2_2	0.775	1.027	-0.038		
ccc3_2	-3.314	-4.244	-0.845		
c1_2				-0.498	-0.719
c2_2				1.788	1.586

查询表 6-20 中统计量的临界比率绝对值为：ccc1_1 与 ccc1_2 为 2.232，ccc2_1 与 ccc2_2 为 1.027，ccc3_1 与 ccc3_2 为 0.845，c1_1 与 c1_2 为 0.498，c2_1 与 c2_2 为 1.586，可以看出除了 ccc1_1 的临界比率大于 1.96 外，其他所有值均小于 1.96，故可得出结论：在 0.05 的显著水平下，汉族和其他民族两组学生之间相比，信任关系态度结构方程模型中的三个潜变量相关系数和两个误差项系数没有显著差异。除了"信任认知度"与"学习情感关系"之间有显著性差异外，"信任认知度"与"学习情感关系"和"信任认知度"与"情感认知度"两两之间均无显著性的差异。

5. 残差分析（Nested Model Comparisons）检验

在 Nested Model Comparisons（嵌套模型对比）项下，用表 6-21 中的 Assuming model Structural residuals to be correct（假设结构模型残差为真的情况下）来检查结构模型。Measurement residuals 模型（结构残差模型）的 $p=0.095 > 0.05$，表明汉族和其他民族两组学生之间在信任关系态度结构方程模型残差项上无显著差异。

表 6-21　Assuming model Structural residuals to be correct

Model	DF	CMIN	p	NFI Delta-1	IFI Delta-2	RFI rho-1	TLI rho2
Measurement residuals	17	25.000	0.095	0.032	0.041	0.009	0.012

表 6-22　Pairwise Parameter Comparisons（Unconstrained）分布简表（节选 4）

	vvv1_1	vvv2_1	vvv3_1	vvv4_1	vv1_1	vv2_1
vvv1_2	**-1.051**	-2.645	-1.051	-0.794		
vvv2_2	-1.903	**-1.437**	-1.903	-1.964		
vvv3_2	-0.403	-1.992	**-0.465**	-0.010		
vvv4_2	-1.213	-2.981	-1.213	**-0.981**		
vv1_2					**0.174**	0.901
vv2_2					-1.362	**0.229**

查询表 6-22 中统计量的临界比率绝对值为：vv1_1 与 vv1_2 为 1.051，vv2_1 与 vv2_2 为 1.437，vvv1_1 与 vvv1_2 为 0.465，vvv2_1 与 vvv2_2 为 0.981，vvv3_1 与 vvv3_2 为 0.174，vvv4_1 与 vvv4_2 为 0.229，所有值均小于 1.96，故可得出结论：在 0.05 的显著水平下，汉族和其他民族两组学生之间相比，信任关系态度结构方程模型中的六个潜变量："信任认知度""情感行为意向""信任行为意向""情感认知度""学习情感关系""家庭情感关系"的残差均无显著性的差异。

二、 模型的民族群体特点

表 6-23　情感与信任关系模型的民族效应（标准化的结果）

		信任认知度（$\xi 1$）		学习情感关系（$\xi 2$）		情感认知度（$\xi 4$）		信任行为意向（$\eta 1$）		情感行为意向（$\eta 2$）	
		汉族	其他民族	汉族	其他民族	汉族	其他民族	汉族	其他民族	汉族	其他民族
总效应	$\eta 1$	-0.438	-0.220	0.180	0.220	0.600	0.379	-0.225	0.166	0.428	0.652
	$\eta 2$	0.230	-0.056	0.325	0.394	0.102	1.300	-0.407	0.297	-0.225	0.166
直接效应	$\eta 1$	-0.565	-0.189	0.000	0.000	0.544	-0.349	0.000	0.000	0.552	0.559
	$\eta 2$	0.000	0.000	0.420	0.338	0.417	1.203	-0.525	0.254	0.000	0.000
间接效应	$\eta 1$	0.127	-0.031	0.180	0.220	0.056	0.727	-0.225	0.166	-0.124	0.093
	$\eta 2$	0.230	-0.056	-0.094	0.056	-0.315	0.096	0.118	0.042	-0.225	0.166

注：表中给出的均是标准化后的参数，直接效应就是模型中的路径系数

说明：信任认知度（$\xi 1$）；学习情感关系（$\xi 2$）；家庭情感关系（$\xi 3$）；情感认知度（$\xi 4$）；信任行为意向（$\eta 1$）；情感行为意向（$\eta 2$）

表 6-23 中，信任认知度（$\xi 1$）对信任行为意向（$\eta 1$）和情感行为意向（$\eta 2$）都有效应，但对后者没有直接效应，对前者的直接效应值为负值，且信任认知度（$\xi 1$）对信任行为意向（$\eta 1$）的间接效应均为正值，而信任认知度（$\xi 1$）对情感行为意向（$\eta 2$）的间接效应发生民族群体分化；汉族群体的信任认知度（$\xi 1$）对信任行为意向（$\eta 1$）的总效应和间接效应值都为正值，直接效应值为负值，而其对情感行为意向（$\eta 2$）的所有效应值均为负值；最显著的特征是汉族群体的所有效应值的绝对值都大于其他民族群体的效应值，其中路径系数最大的是汉族群体对信任行为意向（$\eta 1$）的影响，最小的是其他民族群体对情感行为意向（$\eta 2$）的影响。

学习情感关系（$\xi 2$）对信任行为意向（$\eta 1$）和情感行为意向（$\eta 2$）都有效应，但对前者没有直接效应，对后者的直接效应值为正值，且学习情感关系（$\xi 2$）对信任行为意向（$\eta 1$）的间接效应均为正值，而对情感行为意向（$\eta 2$）的间接效应发生分化；除了汉族群体对情感行为意向（$\eta 2$）的

间接效应值为负值外，其他所有效应值均为正值；最显著的特征是汉族群体的所有效应值的绝对值都小于其他民族群体的效应值。

情感认知度（$\xi4$）对信任行为意向（$\eta1$）和情感行为意向（$\eta2$）都有效应，既有直接效应又有间接效应，且所有因素的效应值大都为正值。汉族群体的情感认知度（$\xi4$）对信任行为意向（$\eta1$）的总效应值均大于其他民族群体，但是在直接效应上发生分歧，前者的影响为正，后者的影响为负；并且间接效应值中其他民族群体远远大于汉族群体。

信任行为意向（$\eta1$）和情感行为意向（$\eta2$）之间相互都有效应，但前者对后者的效应值发生分化，而后者对前者的效应值均为正值。在信任行为意向（$\eta1$）对情感行为意向（$\eta2$）的总效应中不同民族群体表现出差异，汉族群体的效应为负值，其他民族的效应为正值，前者的效应绝对值大于后者；而在情感行为意向（$\eta2$）对信任行为意向（$\eta1$）的总效应中不同民族群体表现出相同的方向，但汉族群体的效应值小于其他民族。

在汉族和其他民族群体的情感与信任关系结构中，汉族群体的直接效应和间接效应的绝对值均大于其他民族的效应值。

第三节　信任关系态度结构方程模型的居住地特点

从考研学生群体居住地分布统计表可见，来自农村的学生有 67 位，占 17.4%，来自县城或乡镇的学生有 124 名，占比率最高达到 32.3%，而来自市级城市的学生有 193 人，占 50.3%，由于农村学生人数较少，而且农村与乡镇差别不大，所以在分析时将农村与乡镇学生群体合并一起来分析。样本没有缺失值。调整后的统计分布如表 6-24 所示：

表 6-24　居住地特点分布表

		频数	百分比	有效百分比	累积百分比
Valid	县城或农村	191	49.7	49.7	49.7
	市级城市	193	50.3	50.3	100.0
	Total	384	100.0	100.0	

一、模型的拟合检验

为了检验考研学生求学前的居住地（或者家乡）对信任关系态度结构方程模型的影响，采用多样本检验不同居住地群体对于信任关系态度结构方程模型结构的适合指标。来自不同居住地群体的信任关系态度模型计算结果如图 6-4 所示：

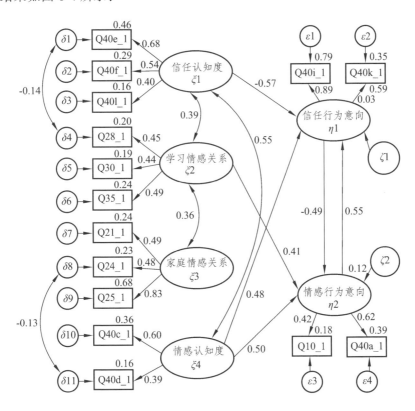

图 6-4　信任关系态度结构方程模型居住地特点结构图

说明：Q40e_1——人与人之间应当相互信任；Q40f_1——人与人之间的信任是可以做到的；Q40l_1——信任别人会得到好的回报；Q40i_1——在家靠父母，出外靠朋友；Q40k_1——与人打交道还是谨慎点好；Q28_1——与同学关系；Q30_1——喜欢参加学校或班级开展活动；Q35_1——重视学习环境中的人际关系；Q21_1——家是最温暖的地方；Q24_1——与父亲的关系；Q25_1——与母亲的关系；Q10_1——对情感的态度；Q40a_1——人离不开爱情、亲情、友情这些情感的支持；Q40c_1——应当尊重情感生活的隐私性；Q40d_1——个人的情感是完全自由的

二、信任关系态度结构方程模型的居住地分析结果

1. 近似误差均方根（RMSEA）检验

从表 6-25 中的 RMSEA 数据中，我们发现信任关系态度结构方程模型的"模型与数据拟合"情形良好（RMSEA 值均 < 0.05）。表 6-26 为不同居住地群体的拟合指数结果。

表 6-25　误差均方根表（RMSEA）

Model	RMSEA	LO 90	HI 90	PCLOSE
Unconstrained	0.009	0.000	0.026	1.000
Measurement weights	0.019	0.000	0.031	1.000
Structural weights	0.019	0.000	0.031	1.000
Structural covariance	0.020	0.000	0.032	1.000
Structural residuals	0.022	0.000	0.032	1.000
Measurement residuals	0.021	0.003	0.032	1.000
Independence model	0.085	0.078	0.091	0.000

表 6-26　不同居住地群体的拟合指数结果

拟合指数	χ^2（df）	p	CFI	NFI	TLI	GFI	AGFI
结果	163.24（158）	0.371	0.991	0.792	0.988	0.947	0.920

2. 测量模型（Nested Model Comparisons）检验

在 Nested Model Comparisons（嵌套模型对比）项下，表 6-27 中的 Assuming model Unconstrained to be correct（假设未设限模型为真的情况下），Measurement weights 模型（测量系数模型）的 $p=0.002 < 0.05$，表明考研学生来自农村、县城和城市在信任关系态度结构方程模型系数（因素负荷量）上有显著差异，即居住地不同的学生群体所使用的信任关系态度结构方程模型是不相同的。

表 6-27　Assuming model Unconstrained to be correct

Model	DF	CMIN	p	NFI Delta-1	IFI Delta-2	RFI rho-1	TLI rho2
Measurement weights	9	26.638	0.002	0.034	0.042	0.028	0.038

Model	DF	CMIN	*p*	NFI Delta-1	IFI Delta-2	RFI rho-1	TLI rho2
Structural weights	15	33.474	0.004	0.043	0.053	0.028	0.038
Structural covariance	22	45.093	0.003	0.057	0.072	0.033	0.045
Structural residuals	24	50.902	0.001	0.065	0.081	0.038	0.052
Measurement residuals	41	70.291	0.003	0.089	0.112	0.037	0.051

但是上述说明的只是整体现象，也就是整体性的卡方鉴定，究竟是哪些特定因素负荷量的组间效果不同，就要利用"参数配对"来考察个别变量。原则是临界比率值的绝对值大于1.96，则可解释为"在0.05的显著水平下，两组的系数值具有显著性差异"。如果统计量的绝对值大于2.58或者3.29时，则可解释为"在0.01或0.001的显著水平下，有显著性差异"。

本研究把AMOS运算的Pairwise Parameter Comparisons（Unconstrained）分布列为简表6-28。通过临界比率数值对比来检查两组群体在测量模型系数上的结果。

表6-28　Pairwise Parameter Comparisons（Unconstrained）分布简表（节选1）

	a1_1	a2_1	a3_1	a4_1	a5_1	a6_1	a7_1	a8_1	a9_1
a1_2	**1.030**	−1.073	1.204	1.660	−1.054	0.441	1.065	1.151	1.897
a2_2	2.043	**−0.750**	2.144	2.679	−0.767	1.417	2.112	2.076	2.662
a3_2	1.523	−1.092	**1.652**	2.430	−1.067	0.655	1.632	1.562	2.285
a4_2	2.102	−0.909	2.169	**2.934**	−0.906	1.275	2.226	2.076	2.671
a5_2	1.136	−1.154	1.315	1.970	**−1.123**	0.355	1.204	1.241	2.033
a6_2	2.147	−0.309	2.246	2.554	−0.373	**1.752**	2.176	2.206	2.708
a7_2	2.307	−0.113	2.398	2.674	−0.195	1.950	**2.332**	2.363	2.829
a8_2	1.467	−0.980	1.611	2.156	−0.970	0.807	1.526	**1.545**	2.239
a9_2	−0.396	−1.534	0.069	0.733	−1.455	−1.297	−0.441	0.011	**1.221**

查询表6-28中统计量的临界比率绝对值为：a1_1与a1_2为1.030，a2_1与a2_2为0.750，a3_1与a3_2为1.652，a4_1与a4_2为2.934，a5_1与a5_2为1.123，a6_1与a6_2为1.752，a7_1与a7_2为2.332，a8_1与a8_2为1.545，

a9_1 与 a9_2 为 1.221，除了 a8_1 外，所有值均小于 1.96，故可得出结论：在 0.05 的显著水平下，除了 a4_1 和 a7_1 外，来自不同居住地的考研学生群体中有明显的差别，其他均没有显著性差异。研究的结果表明，在"家是最温暖的地方"和"人与人之间应当相互信任"的回答上，不同居住地的学生群体的差异较大，其他的 12 个测量变量分别对六个潜变量的影响均无显著性的差异。

3. 结构模型（Nested Model Comparisons）检验

在 Nested Model Comparisons（嵌套模型对比）项下，用表 6-29 中的 Assuming model Measurement weights to be correct（假设测量模型为真的情况下）来检查结构模型。Structural weights 模型（结构系数模型）的 p=0.336 > 0.05，表明来自不同的居住地的考研学生群体在信任关系态度结构方程模型系数上没有显著差异。

表 6-29　Assuming model Measurement weights to be correct

Model	DF	CMIN	p	NFI Delta-1	IFI Delta-2	RFI rho-1	TLI rho2
Structural weights	6	6.835	0.336	0.009	0.011	0.000	0.000
Structural covariance	13	18.454	0.141	0.023	0.030	0.005	0.007
Structural residuals	15	24.264	0.061	0.031	0.039	0.011	0.014
Measurement residuals	32	43.652	0.082	0.056	0.071	0.010	0.013

表 6-30　Pairwise Parameter Comparisons（Unconstrained）分布简表（节选 2）

	b1_1	b2_1	b3_1	b4_1	b5_1	b6_1
b1_2	**1.156**	1.287	3.288	3.777	1.772	.0355
b2_2	−1.125	**−1.137**	−1.746	−0.714	−1.974	−2.738
b3_2	0.793	0.891	**1.876**	2.636	0.990	−0.157
b4_2	−1.547	−1.562	−1.954	**−1.284**	−2.148	−2.712
b5_2	1.209	1.329	2.630	3.264	**1.659**	0.489
b6_2	0.610	0.697	1.504	2.326	0.682	**−0.442**

查询表 6-30 简表统计量的临界比率绝对值为：b1_1 与 b1_2 为 1.156，

b2_1 与 b2_2 为 1.137，b3_1 与 b3_2 为 1.876，b4_1 与 b4_2 为 1.284，b5_1 与 b5_2 为 1.659，b6_1 与 b6_2 为 0.442，所有值均小于 1.96，故可得出结论：在 0.05 的显著水平下，信任关系态度结构方程模型中在不同居住地的考研学生之间的六个潜变量路径："情感认知度"对"信任行为意向"，"情感行为意向"与"信任行为意向"之间的交互影响，"信任认知度"对"信任行为意向"，"情感认知度"与"学习情感关系"对"情感行为意向"的影响均无显著性的差异。

4. 协方差分析（Nested Model Comparisons）检验

在 Nested Model Comparisons（嵌套模型对比）项下，用表 6-31 中的 Assuming model Structural covariance to be correct（假设结构模型协方差为真的情况下）来检查结构模型。Structural residuals 模型（结构协方差模型）的 $p=0.280>0.05$，表明来自不同居住地的考研学生群体在信任关系态度结构方程模型相关系数上无显著差异。

表 6-31　Assuming model Structural covariance to be correct

Model	DF	CMIN	p	NFI Delta-1	IFI Delta-2	RFI rho-1	TLI rho2
Structural residuals	2	5.809	0.055	0.007	0.010	0.005	0.007
Measurement residuals	19	25.198	0.154	0.032	0.042	0.004	0.006

表 6-32　Pairwise Parameter Comparisons（Unconstrained）分布简表（节选 3）

	ccc1_1	ccc2_1	ccc3_1	c1_2	c2_2
ccc1_2	**0.499**	1.094	−2.157	1.769	1.135
ccc2_2	1.115	**1.767**	−1.868	2.073	1.595
ccc3_2	0.982	1.422	**−1.717**	1.989	1.454
c1_2	−2.167	−2.032	−3.364	**−0.606**	−1.599
c2_2	−3.092	−2.996	−3.883	−0.663	**−2.096**

查询简表 6-32 中统计量的临界比率绝对值为：ccc1_1 与 ccc1_2 为 0.499，ccc2_1 与 ccc2_2 为 1.767，ccc3_1 与 ccc3_2 为 1.717，c1_1 与 c1_2 为 0.606，c2_1 与 c2_2 为 2.096，可以看出除了 c2_1 的临界比率 2.096 大

于 1.96 外，显示在 0.05 的显著水平下不显著，其他所有值均小于 1.96，故可得出结论：在 0.05 的显著水平下，"您与同学关系如何"与"人与人之间应当相互信任"之间的协方差有显著性差异；来自不同居住地的考研学生群体在信任关系态度结构方程模型中的"学习情感关系"与"家庭情感关系"，"信任认知度"与"学习情感关系"，"信任认知度"与"情感认知度"两两之间均无显著性的差异。

5. 残差分析（Nested Model Comparisons）检验

在 Nested Model Comparisons（嵌套模型对比）项下，用表 6-33 中的 Assuming model Structural residuals to be correct（假设结构模型残差为真的情况下）来检查结构模型。Measurement residuals 模型（结构残差模型）的 $p=0.307 > 0.05$，表明来自不同居住地的考研学生群体在信任关系态度结构方程模型残差上无显著差异。

表 6-33　Assuming model Structural residuals to be correct

Model	DF	CMIN	p	NFI Delta-1	IFI Delta-2	RFI rho-1	TLI rho2
Measurement residuals	17	19.388	0.307	0.025	0.032	-0.001	-0.001

表 6-34　Pairwise Parameter Comparisons（Unconstrained）分布简表（节选 4）

	vvv1_1	vvv2_1	vvv3_1	vvv4_1	vv1_1	vv2_1
vvv1_2	**-0.799**	1.409	-1.099	-1.339		
vvv2_2	-0.886	2.318	-1.168	-1.529		
vvv3_2	-0.946	2.811	**-1.210**	-1.623		
vvv4_2	-1.454	1.068	-1.585	**-2.153**		
vv1_2					**0.194**	0.008
vv2_2					-0.437	**-0.008**

查询表 6-34 中统计量的临界比率绝对值为：vvv1_1 与 vvv1_2 为 0.799，vvv2_1 与 vvv2_2 为 2.318，vvv3_1 与 vvv3_2 为 1.210，vvv4_1 与 vvv4_2 为 2.153，vv1_1 与 vv1_2 为 0.194，vv2_1 与 vv2_2 为 0.008，可

以看出除了 vvv2_1 与 vvv4_1 的临界比率大于 1.96 外，显示在 0.05 的显著水平下不显著，其他所有值均小于 1.96，故可得出结论：在 0.05 的显著水平下，来自不同居住地来源的考研学生群体在信任关系态度结构方程模型中"信任认知度""学习情感关系"潜变量的残差上有显著差异；其他五个潜变量："信任认知度""情感行为意向""信任行为意向""情感认知度""家庭情感关系"的残差均无显著性的差异。

三、 模型的居住地群体特点

表 6-35　信任关系态度结构方程模型的居住地效应（标准化的结果）

		信任认知度（$\xi 1$）		学习情感关系（$\xi 2$）		情感认知度（$\xi 4$）		信任行为意向（$\eta 1$）		情感行为意向（$\eta 2$）	
		县城农村	市级城市	县城农村	市级城市	县城农村	市级城市	县城农村	市级城市	县城农村	市级城市
总效应	$\eta 1$	-0.440	-0.533	0.000	0.296	0.656	0.591	0.000	-0.346	0.004	0.556
	$\eta 2$	-0.002	0.331	0.002	0.349	0.025	0.216	0.005	-0.406	0.000	-0.346
直接效应	$\eta 1$	-0.440	-0.814	0.000	0.000	0.656	0.407	0.000	0.000	0.004	0.850
	$\eta 2$	0.000	0.000	0.002	0.533	0.022	0.583	0.005	-0.621	0.000	0.000
间接效应	$\eta 1$	0.000	0.281	0.000	0.296	0.000	0.184	0.000	-0.346	0.000	-0.294
	$\eta 2$	-0.002	0.331	0.000	-0.184	0.003	-0.367	0.000	0.215	0.000	-0.346

注：表中给出的均是标准化后的参数，直接效应就是模型中的路径系数
说明：信任认知度（$\xi 1$）；学习情感关系（$\xi 2$）；家庭情感关系（$\xi 3$）；情感认知度（$\xi 4$）；信任行为意向（$\eta 1$）；情感行为意向（$\eta 2$）

从表 6-35 中可以看出，信任认知度（$\xi 1$）对信任行为意向（$\eta 1$）和情感行为意向（$\eta 2$）都有效应，但是来自乡镇或农村的学生群体对信任行为意向（$\eta 1$）只有直接效应，来自市级城市的学生群体对情感行为意向（$\eta 2$）只有间接效应，而且前者为负值，后者为正值；最显著的特征是乡镇或农村的学生群体的所有效应值的绝对值都小于来自市级城市的学生群体的效

应值，其中总效应路径系数最大的是来自市级城市的学生群体对信任行为意向（$\eta1$）的影响，其绝对值为 0.533，最小的路径系数是来自乡镇或农村的学生群体对情感行为意向（$\eta2$）的影响极小，其值为 0.002。

在学习情感关系（$\xi2$）对信任行为意向（$\eta1$）和情感行为意向（$\eta2$）的影响效应中，来自乡镇或农村的学生群体对信任行为意向（$\eta1$）没有任何效应，对情感行为意向（$\eta2$）只有直接效应，而且值很小，只有 0.002；来自市级城市的学生群体，学习情感关系（$\xi2$）对信任行为意向（$\eta1$）和情感行为意向（$\eta2$）均有效应，对前者的直接效应为零，而对情感行为意向（$\eta2$）的直接效应为正值；在间接效应上，学习情感关系（$\xi2$）对信任行为意向（$\eta1$）效应值均为正值，对情感行为意向（$\eta2$）的间接效应值为负值；最显著的特征是来自市级城市的学生群体的所有效应值的绝对值都大于来自乡镇或农村的学生群体的效应值，其中路径系数最大的是来自市级城市的学生群体对情感行为意向（$\eta2$）的直接效应值，最小的路径系数是来自乡镇或农村的学生群体对情感行为意向（$\eta2$）的影响。

情感认知度（$\xi4$）对信任行为意向（$\eta1$）和情感行为意向（$\eta2$）都有效应，来自乡镇或农村的学生群体对信任行为意向（$\eta1$）只有直接效应，没有间接效应，而来自市级城市的学生群体的所有效应值均为正值。来自市级城市的学生群体在情感认知度（$\xi4$）对信任行为意向（$\eta1$）的总效应值小于来自乡镇或农村的学生群体的效应值，而在情感行为意向（$\eta2$）上正好相反；其中总效应路径系数最大的是来自乡镇或农村的学生群体对信任行为意向（$\eta1$）的影响，最小的路径系数是同一群体对情感行为意向（$\eta2$）的影响。

信任行为意向（$\eta1$）和情感行为意向（$\eta2$）之间相互都有效应，但前者对后者的总效应值依据群体不同而有较大差异，而后者对前者的总效应值均为正值。针对来自乡镇或农村的学生群体，信任行为意向（$\eta1$）和情感行为意向（$\eta2$）之间只有直接效应，没有间接效应，且效应值极小，为 0.005 和 0.004；对于来自市级城市的学生群体，信任行为意向（$\eta1$）对情感行为意向（$\eta2$）的总效应值为负值，相反的路径影响为正值。

最明显的是信任行为意向（$\eta1$）对情感行为意向（$\eta2$）的效应值的绝对值都小于情感行为意向（$\eta2$）对信任行为意向（$\eta1$）的效应，其中总效应路径系数最大的是来自市级城市的学生群体在情感行为意向（η2）对信任行为意向（η1）的直接效应，最小的路径系数是来自乡镇或农村的学生群体在同一路径方向的影响。

第四节 信任关系态度结构方程模型的学校层次特点

从考研学生群体学校分布统计表（见表 6-36）可见，来自一本或重点院校的学生有 124 位，占 32.5%，来自二本或三本院校的学生有 251 名，占比率最高，达到 65.7%，而来自专科或同等学力的学生只有 7 人，占 1.8%，由于人数太少，分析时合并至二本或三本院校群体。缺失值为 2，分析前删除该样本。

表 6-36 考研学生学校层次分布表

		频数	百分比（%）	有效百分比（%）	累积百分比（%）
Valid	一本或重点院校	124	32.3	32.5	32.5
	二本或三本院校	251	65.4	65.7	98.2
	大专或同等学力	7	1.8	1.8	100.0
	Total	382	99.5	100.0	
Missing	System	2	0.5		
Total		384	100.0		

一、模型的拟合检验

为了检验来自不同层次院校的考研学生群体对信任关系态度结构方程模型的影响，采用多样本检验来验证对于信任关系态度结构方程模型结构的适合指标。来自不同层次院校群体的信任关系态度模型计算结果如图 6-5 所示：

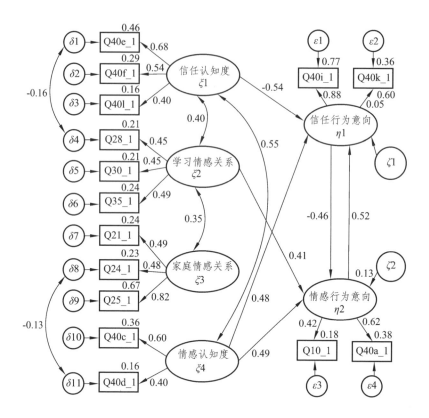

图 6-5　信任关系态度结构方程模型院校层次结构图

说明：Q40e_1——人与人之间应当相互信任；Q40f_1——人与人之间的信任是可以做到的；Q401_1——信任别人会得到好的回报；Q40i_1——在家靠父母，出外靠朋友；Q40k_1——与人打交道还是谨慎点好；Q28_1——与同学关系；Q30_1——喜欢参加学校或班级开展活动；Q35_1——重视学习环境中的人际关系；Q21_1——家是最温暖的地方；Q24_1——与父亲的关系；Q25_1——与母亲的关系；Q10_1——对情感的态度；Q40a_1——人离不开爱情、亲情、友情这些情感的支持；Q40c_1——应当尊重情感生活的隐私性；Q40d_1——个人的情感是完全自由的

二、信任关系态度结构方程模型的学校层次分析结果

1. 近似误差均方根（RMSEA）检验

从表 6-37 中的 RMSEA 数据中，我们发现信任关系态度结构方程模型的"模型与数据拟合"情形相当良好（RMSEA 值均 < 0.05）。

表 6-37　误差均方根表（RMSEA）

Model	RMSEA	LO 90	HI 90	PCLOSE
Unconstrained	0.000	0.000	0.020	1.000
Measurement weights	0.011	0.000	0.026	1.000
Structural weights	0.009	0.000	0.025	1.000
Structural covariance	0.015	0.000	0.028	1.000
Structural residuals	0.015	0.000	0.028	1.000
Measurement residuals	0.024	0.010	0.034	1.000
Independence model	0.083	0.077	0.090	0.000

2. 测量模型（Nested Model Comparisons）检验

在 Nested Model Comparisons（嵌套模型对比）项下，表 6-38 中的 Assuming model Unconstrained to be correct（假设未设限模型为真的情况下），Measurement weights 模型（测量系数模型）的 $p=0.006 < 0.05$，表明不同层次院校的考研学生群体在信任关系态度结构方程模型测量模型系数（因素负荷量）上有显著差异，即不同层次院校的考研学生群体所使用的信任关系态度结构方程模型是不相同的。

表 6-38　Assuming model Unconstrained to be correct

Model	DF	CMIN	p	NFI Delta-1	IFI Delta-2	RFI rho-1	TLI rho2
Measurement weights	9	23.286	0.006	0.030	0.038	0.024	0.033
Structural weights	15	27.969	0.022	0.037	0.046	0.022	0.030
Structural covariance	22	44.969	0.003	0.059	0.074	0.037	0.050
Structural residuals	24	46.387	0.004	0.061	0.076	0.035	0.049
Measurement residuals	41	90.421	0.000	0.118	0.149	0.071	0.098

上述说明的只是整体性的无差异卡方鉴定，为了更好地展现特定因素负荷量的组间效果，我们利用"参数配对"来考察个别变量。分析的原则是临界比率值的绝对值大于 1.96，则可解释为"在 0.05 的显著水平下，两

组的系数值具有显著性差异"。如果统计量的绝对值大于 2.58 或者 3.29 时，则可解释为"在 0.01 或 0.001 的显著水平下，有显著性差异"。

本研究把 AMOS 运算的 Pairwise Parameter Comparisons（Unconstrained）分布列为简表 6-39。通过临界比率数值对比来检查群体在测量模型系数上的结果。

表 6-39　Pairwise Parameter Comparisons（Unconstrained）分布简表（节选 1）

	a1_1	a2_1	a3_1	a4_1	a5_1	a6_1	a7_1	a8_1	a9_1
a1_2	**-0.631**	-1.421	-0.933	-2.000	-0.627	-1.073	-0.811	-1.228	0.469
a2_2	-0.428	**0.162**	2.038	1.128	1.649	-0.381	-0.689	1.710	2.732
a3_2	-0.551	-0.767	**0.754**	-0.420	0.478	-0.801	-0.763	0.340	1.802
a4_2	-0.606	-1.214	-0.321	**-1.453**	-0.260	-0.988	-0.796	-0.677	0.943
a5_2	-0.498	-0.343	1.423	0.375	**1.053**	-0.617	-0.731	1.047	2.271
a6_2	-0.491	-0.297	1.780	0.536	1.238	**-0.596**	-0.727	1.310	2.729
a7_2	-0.533	-0.628	1.164	-0.121	0.743	-0.739	**-0.752**	0.690	2.237
a8_2	-0.584	-1.015	0.143	-0.938	0.051	-0.909	-0.783	**-0.214**	1.213
a9_2	-0.613	-1.260	-0.448	-1.518	-0.351	-1.010	-0.800	-0.777	**0.759**

查询表 6-39 中统计量的临界比率绝对值为：a1_1 与 a1_2 为 0.631，a2_1 与 a2_2 为 0.162，a3_1 与 a3_2 为 0.754，a4_1 与 a4_2 为 1.453，a5_1 与 a5_2 为 1.053，a6_1 与 a6_2 为 0.596，a7_1 与 a7_2 为 0.752，a8_1 与 a8_2 为 0.214，a9_1 与 a9_2 为 0.759，所有值均小于 1.96，故可得出结论：在 0.05 的显著水平下，载荷系数均没有显著性差异。换句话说，不同层次院校的考研学生群体之间，信任关系态度结构方程模型中的 14 个测量变量分别对六个潜变量的影响均无显著性的差异。

3. 结构模型（Nested Model Comparisons）检验

在 Nested Model Comparisons（嵌套模型对比）项下，用表 6-40 中的 Assuming model Measurement weights to be correct（假设测量模型为真的情况下）来检查结构模型。Structural weights 模型（结构系数模型）的 $p=0.585$

>0.05，表明来自不同层次院校的考研学生群体在信任关系态度结构方程模型系数上没有显著差异。

表 6-40　Assuming model Measurement weights to be correct

Model	DF	CMIN	p	NFI Delta-1	IFI Delta-2	RFI rho-1	TLI rho2
Structural weights	6	4.683	0.585	0.006	0.008	−0.002	−0.003
Structural covariance	13	21.683	0.060	0.028	0.036	0.012	0.017
Structural residuals	15	23.100	0.082	0.030	0.039	0.011	0.016
Measurement residuals	32	67.135	0.000	0.088	0.112	0.047	0.064

表 6-41　Pairwise Parameter Comparisons（Unconstrained）分布简表（节选 2）

	b1_1	**b2_1**	**b3_1**	**b4_1**	**b5_1**	**b6_1**
b1_2	**−0.779**	1.474	−0.140	1.066	−0.179	0.073
b2_2	−2.248	**−0.115**	−2.250	−0.597	−1.445	−1.718
b3_2	−0.676	1.224	**−0.129**	0.859	−0.178	0.031
b4_2	−2.545	−0.401	−2.668	**−0.902**	−1.692	−2.065
b5_2	−0.930	1.428	−0.343	1.001	**−0.277**	−0.064
b6_2	−1.655	0.818	−1.582	0.323	−0.829	**−0.934**

查询上述简表 6-41 中统计量的临界比率绝对值为：b1_1 与 b1_2 为 0.779，b2_1 与 b2_2 为 0.115，b3_1 与 b3_2 为 0.129，b4_1 与 b4_2 为 0.902，b5_1 与 b5_2 为 0.277，b6_1 与 b6_2 为 0.934，所有值均小于 1.96，故可得出结论：在 0.05 的显著水平下，不同层次院校的考研学生群体之间，信任关系态度结构方程模型中的六个潜变量路径系数没有显著的差异："情感行为意向"与"信任行为意向"之间的交互影响，"信任认知度"和"情感认知度"对"信任行为意向"，"情感认知度"与"学习情感关系"对"情感行为意向"的影响均无显著性的差异。

4. 协方差分析（Nested Model Comparisons）检验

在 Nested Model Comparisons（嵌套模型对比）项下，用表 6-42 中的 Assuming model Structural covariance to be correct（假设结构模型协方差为真的情况下）来检查结构模型。Structural residuals 模型（结构协方差模型）的 $p=0.492 > 0.05$，表明来自不同层次院校的考研学生群体在信任关系态度结构方程模型相关系数上无显著差异。

表 6-42　Assuming model Structural covariance to be correct

Model	DF	CMIN	p	NFI Delta-1	IFI Delta-2	RFI rho-1	TLI rho2
Structural residuals	2	1.418	0.492	0.002	0.002	−0.001	−0.002
Measurement residuals	19	45.452	0.001	0.059	0.078	0.034	0.047

表 6-43　Pairwise Parameter Comparisons（Unconstrained）分布简表（节选 3）

	ccc1_1	ccc2_1	ccc3_1	c1_2	c2_2
ccc1_2	**3.368**	−0.026	3.004		
ccc2_2	3.086	**−0.749**	2.538		
ccc3_2	3.401	1.407	**3.259**		
c1_2				**0.274**	−1.057
c2_2				0.424	**−1.059**

查询上述简表 6-43 中统计量的临界比率绝对值为：ccc1_1 与 ccc1_2 为 3.368，ccc2_1 与 ccc2_2 为 0.749，ccc3_1 与 ccc3_2 为 3.259，c1_1 与 c1_2 为 0.274，c2_1 与 c2_2 为 1.059，可以看出除了 ccc1_1 的临界比率 3.368 大于 3.29 外，其他所有值均小于 1.96，故可得出结论：在 0.001 的显著水平下，来自不同层次院校的考研学生群体之间，在信任关系态度结构方程模型中"信任认知度"与"学习情感关系"之间有显著性差异，在 0.05 的显著水平下，"家庭情感关系"与"学习情感关系"和"信任认知度"与"情感认知度"两两之间均无显著性的差异。

5. 残差分析（Nested Model Comparisons）检验

在 Nested Model Comparisons（嵌套模型对比）项下，用表 6-44 中的 Assuming model Structural residuals to be correct（假设结构模型残差为真的情况下）来检查结构模型。Measurement residuals 模型（结构残差模型）的 $p=0.001 < 0.05$，表明来自不同层次院校的考研学生群体在结构模型残差上有显著差异。

表 6-44 Assuming model Structural residuals to be correct

Model	DF	CMIN	p	NFI Delta-1	IFI Delta-2	RFI rho-1	TLI rho2
Measurement residuals	17	44.035	0.000	0.058	0.076	0.035	0.049

表 6-45 Pairwise Parameter Comparisons（Unconstrained）分布简表（节选 4）

	vvv1_1	vvv2_1	vvv3_1	vvv4_1	vv1_1	vv2_1
vvv1_2	**2.682**	2.061	1.102	2.924		
vvv2_2	1.314	**−0.003**	−1.779	2.366		
vvv3_2	2.423	1.066	−0.656	3.496		
vvv4_2	2.443	1.419	−0.007	**2.999**		
vv1_2					**0.186**	0.091
vv2_2					−0.121	**−0.087**

查询表 6-45 统计量的临界比率绝对值为：vvv1_1 与 vvv1_2 为 2.682，vvv2_1 与 vvv2_2 为 0.003，vvv3_1 与 vvv3_2 为 0.656，vvv4_1 与 vvv4_2 为 2.999，vv1_1 与 vv1_2 为 0.186，vv2_1 与 vv2_2 为 0.087，可以看出除了除了 vvv1_1 和 vvv4_1 的临界比率大于 2.56 外，其他所有值均小于 1.96，故可得出结论：在 0.01 的显著水平下，来自不同层次院校的考研学生群体之间，信任关系态度结构方程模型中的"信任认知度"和"情感认知度"这两个潜变量的残差有显著差异，其他四个潜变量："情感行为意向""信任行为意向""学习情感关系""家庭情感关系"的残差均无显著性的差异。

三、不同层次院校的考研学生群体特点

表 6-46　信任关系态度结构方程模型的不同层次院校效应（标准化的结果）

		信任认知度（ξ1）		学习情感关系（ξ2）		情感认知度（ξ4）		信任行为意向（η1）		情感行为意向（η2）	
		重点一本院校	二本以下院校	重点一本院校	二本以下院校	重点一本院校	二本以下院校	重点一本院校	二本以下院校	重点一本院校	二本以下院校
总效应	η1	−0.017	−0.505	0.349	0.149	0.245	0.639	−0.237	−0.245	0.506	0.431
	η2	0.008	0.286	0.526	0.260	0.115	0.239	−0.358	−0.429	−0.237	−0.245
直接效应	η1	−0.023	−0.668	0.000	0.000	0.169	0.503	0.000	0.000	0.663	0.571
	η2	0.000	0.000	0.689	0.345	0.230	0.602	−0.470	−0.568	0.000	0.000
间接效应	η1	0.005	0.164	0.349	0.149	0.076	−0.245	−0.237	−0.245	−0.157	−0.140
	η2	0.008	0.286	−0.164	−0.084	−0.115	0.139	0.112	0.139	−0.237	−0.245

注：表中给出的均是标准后的参数，直接效应就是模型中的路径系数

说明：信任认知度（ξ1）；学习情感关系（ξ2）；家庭情感关系（ξ3）；情感认知度（ξ4）；信任行为意向（η1）；情感行为意向（η2）；

表 6-46 中，信任认知度（ξ1）对信任行为意向（η1）和情感行为意向（η2）都有效应，但对后者没有直接效应，对前者的直接效应值为负值，在间接效应方面，信任认知度（ξ1）对信任行为意向（η1）和情感行为意向（η2）的效应均为正值；来自重点或一本院校群体的信任认知度（ξ1）对信任行为意向（η1）的总效应和直接效应值都为负值，间接效应值为正值，而其对情感行为意向（η2）的所有效应值均为正值；最显著的特征是来自重点或一本院校群体的所有效应值的绝对值都小于来自二本及以下院校群体的效应值的绝对值，其中总效应路径系数最大的是来自二本及以下院校群体对信任行为意向（η1）的影响，最小的路径系数是来自重点或一本院校群体对情感行为意向（η2）的影响。

学习情感关系（$\xi2$）对信任行为意向（$\eta1$）和情感行为意向（$\eta2$）都有效应，但对前者没有直接效应，对后者的直接效应值为正值，且学习情感关系（$\xi2$）对信任行为意向（$\eta1$）的间接效应均为正值，而对情感行为意向（$\eta2$）的间接效应均为负值；所有群体对情感行为意向（$\eta2$）的间接效应值为负值，其他所有效应值均为正值；最显著的特征是来自重点或一本院校群体的所有效应值的绝对值都大于来自二本及以下院校群体的效应值，其中总效应路径系数最大的是来自重点或一本院校群体对情感行为意向（$\eta2$）的影响，最小的路径系数是来自二本及以下院校群体对信任行为意向（$\eta1$）的影响。

情感认知度（$\xi4$）对信任行为意向（$\eta1$）和情感行为意向（$\eta2$）都有效应，所有群体均有影响效应，既有直接效应又有间接效应，且所有因素的效应值都为正值。来自重点或一本院校群体的情感认知度（$\xi4$）对信任行为意向（$\eta1$）和情感行为意向（$\eta2$）的总效应值均小于来自二本及以下院校群体的效应值，但是在间接效应上发生分歧，两个群体的影响要么前者的影响为正，要么后者的影响为负，其中总效应路径系数最大的是来自二本及以下院校群体对信任行为意向（$\eta1$）的影响，最小的路径系数是来自重点或一本院校群体对情感行为意向（$\eta2$）的影响。

信任行为意向（$\eta1$）和情感行为意向（$\eta2$）之间相互都有效应，但前者对后者的总效应值均为负值，而后者对前者的总效应值均为正值。而且信任行为意向（$\eta1$）对情感行为意向（$\eta2$）的总效应值大于情感行为意向（$\eta2$）对信任行为意向（$\eta1$）的总效应值。最显著的特征是在信任行为意向（$\eta1$）对情感行为意向（$\eta2$）的方向上，来自重点或一本院校群体的效应值的绝对值都小于来自二本及以下院校群体的效应值，而在情感行为意向（$\eta2$）对信任行为意向（$\eta1$）的方向上，来自重点或一本院校群体的效应值的绝对值都大于来自二本及以下院校群体的效应值，其中总效应路径系数最大的是来自重点或一本院校群体在情感行为意向（$\eta2$）对信任行为意向（$\eta1$）的路径方向的影响，最小的路径系数是同样的群体在信任行为意向（$\eta1$）对情感行为意向（$\eta2$）的路径方向的影响。但是在间接效应上，情感行为意向（$\eta 2$）与信任行为意向（$\eta 1$）之间的相互影响却与上述总效应截然不同，前者对后者的效应值为负值，相反为正值。

第五节　信任关系态度方程模型的政治面貌特点

从考研学生群体政治面貌分布统计表（表6-47）可见，学生党员有115位，占29.9%，学生团员有253名，占比率最多，达到65.9%，普通学生及其他只有13人，占3.4%，由于人数太少，分析时合并至团员学生群体。缺失值为3，分析前删除该样本。

表 6-47　政治面貌特点分布表

		频数	百分比（%）	有效百分比（%）	累积百分比（%）
Valid	党员	115	29.9	30.2	30.2
	团员	253	65.9	66.4	96.6
	普通群众	10	2.6	2.6	99.2
	其他	3	0.8	0.8	100.0
	Total	381	99.2	100.0	
Missing	System	3	0.8		
Total		384	100.0		

一、模型的拟合检验

为了检验考研学生政治面貌群体对信任关系态度结构方程模型的影响，我们采用多样本比较来检验不同政治面貌考研学生群体在信任关系态度结构方程模型结构的各项指标。不同政治面貌群体的信任关系态度模型计算结果如图6-6所示：

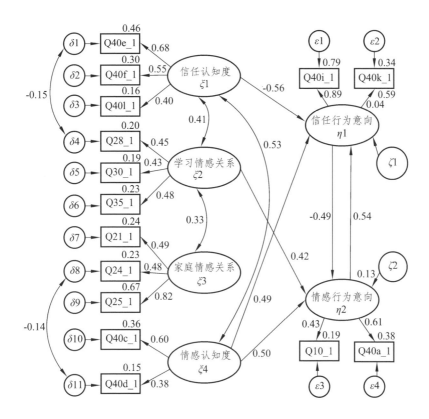

图 6-6　信任关系态度结构方程模型政治面貌特点结构图

说明：Q40e_1——人与人之间应当相互信任；Q40f_1——人与人之间的信任是可以做到的；Q40l_1——信任别人会得到好的回报；Q40i_1——在家靠父母，出外靠朋友；Q40k_1——与人打交道还是谨慎点好；Q28_1——与同学关系；Q30_1——喜欢参加学校或班级开展活动；Q35_1——重视学习环境中的人际关系；Q21_1——家是最温暖的地方；Q24_1——与父亲的关系；Q25_1——与母亲的关系；Q10_1——对情感的态度；Q40a_1——人离不开爱情、亲情、友情这些情感的支持；Q40c_1——应当尊重情感生活的隐私性；Q40d_1——个人的情感是完全自由的

二、信任关系态度方程模型结构的政治面貌分析结果

1. 近似误差均方根（RMSEA）检验

从表 6-48 中的 RMSEA 数据中，我们发现信任关系态度结构方程模型的"模型与数据拟合"情形良好（RMSEA 值均 < 0.05）。

表 6-48　误差均方根表（RMSEA）

Model	RMSEA	LO 90	HI 90	PCLOSE
Unconstrained	0.024	0.008	0.034	1.000
Measurement weights	0.024	0.010	0.035	1.000
Structural weights	0.024	0.009	0.034	1.000
Structural covariance	0.028	0.016	0.037	1.000
Structural residuals	0.086	0.080	0.092	0.000
Measurement residuals	0.024	0.008	0.034	1.000
Independence model	0.024	0.010	0.035	1.000

2. 测量模型（Nested Model Comparisons）检验

在 Nested Model Comparisons（嵌套模型对比）项下，Assuming model Unconstrained to be correct（假设未设限模型为真的情况下），Measurement weights 模型（测量系数模型）的 $p=0.120>0.05$，表明考研学生政治面貌群体在信任关系态度结构方程模型系数（因素负荷量）上无显著差异，即不同政治面貌考研学生群体所使用的信任关系态度结构方程模型是相同的。

表 6-49　Assuming model Unconstrained to be correct

Model	DF	CMIN	p	NFI Delta-1	IFI Delta-2	RFI rho-1	TLI rho2
Measurement weights	9	14.065	0.120	0.018	0.022	0.005	0.007
Structural weights	15	17.608	0.284	0.022	0.028	−0.001	−0.001
Structural covariance	22	29.117	0.142	0.037	0.046	0.004	0.005
Structural residuals	24	29.775	0.192	0.038	0.047	0.001	0.001
Measurement residuals	41	64.791	0.010	0.082	0.102	0.020	0.027

上述说明的只是整体性的无差异卡方鉴定，为了更好地展现特定因素负荷量的组间效果，我们利用"参数配对"来考察个别变量。分析的原则是临界比率值的绝对值大于 1.96，则可解释为"在 0.05 的显著水平下，两组的系数值具有显著性差异"。如果统计量的绝对值大于 2.58 或者 3.29 时，则可解释为"在 0.01 或 0.001 的显著水平下，有显著性差异"。

本研究把 AMOS 运算的 Pairwise Parameter Comparisons（Unconstrained）分布列为简表 6-50。通过临界比率数值对比来检查两组群体在测量模型系数上的结果。

表 6-50　Pairwise Parameter Comparisons（Unconstrained）分布简表（节选 1）

	a1_1	a2_1	a3_1	a4_1	a5_1	a6_1	a7_1	a8_1	a9_1
a1_2	**-0.804**	-2.121	0.593	0.260	-0.465	-1.869	-2.347	0.747	0.374
a2_2	-0.431	**-0.419**	2.055	1.744	1.528	0.153	-0.698	2.190	2.076
a3_2	-0.670	-1.533	**1.577**	1.089	0.700	-1.103	-1.796	1.857	1.838
a4_2	-0.717	-1.752	1.266	**0.814**	0.307	-1.388	-2.002	1.519	1.410
a5_2	-0.505	-0.722	1.967	1.606	**1.367**	-0.157	-1.004	2.134	2.027
a6_2	-0.485	-0.674	2.292	1.848	1.669	**-0.066**	-0.969	2.518	2.485
a7_2	-0.627	-1.304	1.697	1.248	0.922	-0.818	**-1.575**	1.937	1.867
a8_2	-0.814	-2.108	0.468	0.178	-0.506	-1.841	-2.333	**0.587**	0.207
a9_2	-0.774	-1.922	0.720	0.402	-0.190	-1.602	-2.156	0.860	**0.553**

查询上表 6-50 中统计量的临界比率绝对值为：a1_1 与 a1_2 为 0.804，a2_1 与 a2_2 为 0.419，a3_1 与 a3_2 为 1.577，a4_1 与 a4_2 为 0.814，a5_1 与 a5_2 为 1.367，a6_1 与 a6_2 为 0.066，a7_1 与 a7_2 为 1.575，a8_1 与 a8_2 为 0.587，a9_1 与 a9_2 为 0.553，所有值均小于 1.96，故可得出结论：在 0.05 的显著水平下，载荷系数均没有显著性差异。研究结果表明，在信任关系态度结构方程模型中，考研学生不同政治面貌群体之间的 14 个测量变量对六个潜变量的影响均无显著性的差异。

3. 结构模型（Nested Model Comparisons）检验

在 Nested Model Comparisons（嵌套模型对比）项下，用表 6-51 中的 Assuming model Measurement weights to be correct（假设测量模型为真的情况下）来检查结构模型。Structural weights 模型（结构系数模型）的 $p=0.738 > 0.05$，表明两组考研学生政治面貌群体在信任关系态度结构方程模型系数上无显著差异。

表 6-51　Assuming model Unconstrained to be correct

Model	DF	CMIN	*p*	NFI Delta-1	IFI Delta-2	RFI rho-1	TLI rho2
Structural weights	6	3.543	0.738	0.004	0.006	−0.006	−0.008
Structural covariance	13	15.052	0.304	0.019	0.024	−0.001	−0.002
Structural residuals	15	15.710	0.402	0.020	0.025	−0.004	−0.005
Measurement residuals	32	50.726	0.019	0.064	0.081	0.015	0.021

表 6-52　Pairwise Parameter Comparisons（Unconstrained）分布表（节选 2）

	b1_1	b2_1	b3_1	b4_1	b5_1	b6_1
b1_2	**0.310**	0.313	−0.102	0.103	−0.277	0.103
b2_2	0.222	**0.286**	−0.103	0.102	−0.331	0.086
b3_2	0.319	0.316	**−0.101**	0.104	−0.271	0.105
b4_2	0.189	0.277	−0.104	**0.102**	−0.351	0.079
b5_2	0.282	0.304	−0.102	0.103	**−0.294**	0.098
b6_2	0.293	0.308	−0.102	0.103	−0.288	**0.100**

查询上述简表 6-52 中统计量的临界比率绝对值为：b1_1 与 b1_2 为 0.310，b2_1 与 b2_2 为 0.286，b3_1 与 b3_2 为 0.101，b4_1 与 b4_2 为 0.102，b5_1 与 b5_2 为 0.294，b6_1 与 b6_2 为 0.100，所有值均小于 1.96，故可得出结论：在 0.05 的显著水平下，在两组考研学生群体政治面貌之间相比，信任关系态度结构方程模型中的六个潜变量路径："情感行为意向"与"信任行为意向"之间的交互影响，"信任认知度"和"情感认知度"对"信任行为意向"，"情感认知度"与"学习情感关系"对"情感行为意向"的影响均无显著性的差异。

4. 协方差分析（Nested Model Comparisons）检验

在 Nested Model Comparisons（嵌套模型对比）项下，用表 6-53 中的 Assuming model Structural covariance to be correct（假设结构模型协方差为真的情况下）来检查结构模型。Structural residuals 模型（结构协方差模型）的 *p*=0.720 > 0.05，表明不同政治面貌考研学生群体在信任关系态度结构方程模型相关系数上无显著差异。

表 6-53 Assuming model Unconstrained to be correct

Model	DF	CMIN	p	NFI Delta-1	IFI Delta-2	RFI rho-1	TLI rho2
Structural residuals	2	0.658	0.720	0.001	0.001	-0.003	-0.004
Measurement residuals	19	35.674	0.012	0.045	0.058	0.016	0.022

表 6-54 Pairwise Parameter Comparisons（Unconstrained）分布简表（节选 3）

	ccc1_1	ccc2_1	ccc3_1	c1_2	c2_2
ccc1_2	**-0.022**	1.622	0.225		
ccc2_2	0.222	**1.915**	0.397		
ccc3_2	1.641	1.807	**1.668**		
c1_2				**-0.581**	0.120
c2_2				0.547	**1.998**

查询上述简表 6-54 中统计量的临界比率绝对值为：ccc1_1 与 ccc1_2 为 0.022，ccc2_1 与 ccc2_2 为 1.915，ccc3_1 与 ccc3_2 为 1.668，c1_1 与 c1_2 为 0.581，c2_1 与 c2_2 为 1.998，可以看出除了 c2_1 的临界比率 1.998 大于 1.96 外，其他所有值均小于 1.96，故可得出结论：在 0.05 的显著水平下，在两组不同政治面貌考研学生群体之间，除了 Q40e_1 与 Q28_1 两个测量变量的方差之间有显著性差异外，"学习情感关系"与"家庭情感关系"，"信任认知度"与"学习情感关系"，"信任认知度"与"情感认知度"两两之间协方差均无显著性的差异。

5. 残差分析（Nested Model Comparisons）检验

在 Nested Model Comparisons（嵌套模型对比）项下，用表 6-55 中的 Assuming model Structural residuals to be correct（假设结构模型残差为真的情况下）来检查结构模型。Measurement residuals 模型（结构残差模型）的 p=0.006 < 0.05，表明不同政治面貌考研学生群体在残差上有显著差异。

表 6-55　Assuming model Unconstrained to be correct

Model	DF	CMIN	P	NFI Delta-1	IFI Delta-2	RFI rho-1	TLI rho2
Measurement residuals	17	35.016	0.006	0.044	0.057	0.019	0.026

表 6-56　Pairwise Parameter Comparisons（Unconstrained）分布简表（节选 4）

	vvv1_1	vvv2_1	vvv3_1	vvv4_1	vv1_1	vv2_1
vvv1_2	**1.249**	1.008	−0.122	0.966		
vvv2_2	0.003	**−0.813**	−0.840	−0.648		
vvv3_2	1.280	1.055	**−0.319**	0.927		
vvv4_2	0.744	0.336	−0.504	**0.320**		
vv1_2					**−0.051**	−0.145
vv2_2					−0.051	**−0.146**

查询上述简表 6-56 中统计量的临界比率绝对值为：vvv1_1 与 vvv1_2 为 1.249，vvv2_1 与 vvv2_2 为 0.813，vvv3_1 与 vvv3_2 为 0.319，vvv4_1 与 vvv4_2 为 0.320，vv1_1 与 vv1_2 为 0.051，vv2_1 与 vv2_2 为 0.146，所有值均小于 1.96，故可得出结论：在 0.05 的显著水平下，在模型中两组不同政治面貌考研学生群体之间的六个潜变量："信任认知度""情感行为意向""信任行为意向""情感认知度""学习情感关系""家庭情感关系"的残差均无显著性的差异。

三、不同政治面貌考研学生群体特点

表 6-57　信任关系态度结构方程模型的政治面貌效应（标准化的结果）

		信任认知度（$\xi1$）		学习情感关系（$\xi2$）		情感认知度（$\xi4$）		信任行为意向（$\eta1$）		情感行为意向（$\eta2$）	
		党员	团员群众	党员	团员群众	党员	团员群众	党员	团员群众	党员	团员群众
总效应	$\eta1$	−0.036	−0.369	−0.115	0.217	0.179	0.506	−0.999	−0.270	0.057	0.470
	$\eta2$	0.630	0.212	−0.002	0.337	0.037	0.141	−0.016	−0.420	−0.999	−0.270

		信任认知度（ξ1）		学习情感关系（ξ2）		情感认知度（ξ4）		信任行为意向（η1）		情感行为意向（η2）	
		党员	团员群众	党员	团员群众	党员	团员群众	党员	团员群众	党员	团员群众
直接效应	η1	−39.8	−0.505	0.000	0.000	−2.15	0.415	0.000	0.000	63.18	0.644
	η2	0.000	0.000	−2.01	0.462	3.152	0.432	−17.44	−0.575	0.000	0.000
间接效应	η1	39.80	0.137	−0.115	0.217	2.332	0.091	−0.999	−0.270	−63.1	−0.174
	η2	0.630	0.212	2.004	−0.125	−3.12	−0.291	17.423	0.155	−0.999	−0.270

注：表中给出的均是标准化后的参数，直接效应就是模型中的路径系数

说明：信任认知度（ξ1）；学习情感关系（ξ2）；家庭情感关系（ξ3）；情感认知度（ξ4）；信任行为意向（η1）；情感行为意向（η2）；

表 6-57 中，研究结果显示，在群体总效应中，信任认知度（ξ1）对信任行为意向（η1）和情感行为意向（η2）都有效应，但对后者没有直接效应，对前者的直接效应值为负值；党员群体的直接效应值发生突变，其值的绝对值达到 39.83；在间接效应方面，信任认知度（ξ1）对信任行为意向（η1）和情感行为意向（η2）的效应均为正值；来党员群体的信任认知度（ξ1）对信任行为意向（η1）的总效应和直接效应值都为负值，间接效应值为正值，而其对情感行为意向（η2）的所有效应值均为正值；最显著的特征是党员群体的效应值的绝对值大都大于团员或群众的效应值，其中总效应路径系数最大的是党员群体对情感行为意向（η2）的影响，最小的路径系数是党员群体对信任行为意向（η1）的影响，而且影响值很小，只有 0.036。

学习情感关系（ξ2）对信任行为意向（η1）和情感行为意向（η2）都有效应，但对前者没有直接效应，对后者的直接效应值依据不同的政治面貌群体而有差异，党员群体的直接效应为负值，团员及群众的直接效应值为正值；且在间接效应方面，学习情感关系（ξ2）对信任行为意向（η1）和情感行为意向（η2）的间接效应依据不同政治面貌群体也不同；最显著的特征是党员群体的所有效应值的绝对值都小于团员或群众群体的效应

值，其中总效应路径系数最大的是团员或群众群体对情感行为意向（$\eta2$）的影响，最小的路径系数是同一群体对情感行为意向（$\eta2$）的影响，而且影响值极小，只有 0.002。

情感认知度（$\xi4$）对信任行为意向（$\eta1$）和情感行为意向（$\eta2$）都有效应，所有群体均有影响效应，既有直接效应又有间接效应，且所有因素的总效应值都为正值。党员群体的情感认知度（$\xi4$）对信任行为意向（$\eta1$）和情感行为意向（$\eta2$）的总效应值均小于团员或群众群体的效应值，但是在间接效应上发生分歧，党员群体的效应值大于团员群体的效应值；其中总效应路径系数最大的是团员或群众群体对信任行为意向（$\eta1$）的影响，最小的路径系数是党员群体对情感行为意向（$\eta2$）的影响。

信任行为意向（$\eta1$）和情感行为意向（$\eta2$）之间相互都有效应，但前者对后者的总效应值均为负值，而后者对前者的总效应值均为正值，而且信任行为意向（$\eta1$）对情感行为意向（$\eta2$）的总效应值小于情感行为意向（$\eta2$）对信任行为意向（$\eta1$）的总效应值。最显著的特征是在信任行为意向（$\eta1$）对情感行为意向（$\eta2$）的方向上，党员群体的效应值的绝对值远远小于团员或群众群体的效应值；在情感行为意向（$\eta2$）对信任行为意向（$\eta1$）的方向上，党员群体的效应值的绝对值也远远小于团员或群众群体的效应值，其中总效应路径系数最大的是团员或群众群体在情感行为意向（$\eta2$）对信任行为意向（$\eta1$）的路径方向的影响，最小的路径系数是党员群体在信任行为意向（$\eta1$）对情感行为意向（$\eta2$）的路径方向的影响。但是在间接效应上，情感行为意向（$\eta2$）与信任行为意向（$\eta1$）之间的相互影响却与上述总效应截然不同，前者对后者的效应值为负值，相反为正值，而且在党员群体上出现了极值。

第六节　小　结

从研究结果可以看出，不同性别考研群体之间对信任关系态度结构方程模型的数据拟合情形相当良好。通过嵌套模型对比，数据表明男性和女性两组群体在测量模型系数（因素负荷量）上无显著差异。利用"参数配对"来考察个别变量，在男性与女性两组之间，信任关系态度结构方程模型中的 14 个测量变量分别对六个潜变量的影响均无显著性的差异。模型的性别效应结果表明，男性和女性之间信任行为意向（$\eta 1$）和情感行为意向（$\eta 2$）之间相互都有效应，而且后者对前者的效应值绝对值大于前者对后者的效应值。但是在不同性别的信任关系态度方程模型结构中，各个因素之间的路径系数大小不同，即因素之间的影响大小不一样。就对信任行为意向（$\eta 1$）影响的路径系数来看，男性除了信任认知度（$\xi 1$）的路径系数外，其他影响因素：学习情感关系（$\xi 2$）、情感认知度（$\xi 4$）、情感行为意向（$\eta 2$）的路径系数都大于女性信任关系态度方程模型中对应的路径系数。对于情感行为意向（$\eta 2$）的影响的路径系数则不同，男性在情感认知度（$\xi 4$）的路径系数上小于女性，其他路径系数均大于女性群体模型结构对应的路径系数。

不同民族考研群体之间对信任关系态度结构方程模型的数据拟合情形相当良好。通过嵌套模型对比，汉族与其他民族群体在测量模型系数（因素负荷量）上有显著差异。利用"参数配对"来考察个别变量，在汉族与其他民族群体之间，信任关系态度结构方程模型中的 14 个测量变量中有 2 个变量不显著，其他 12 个测量变量对六个潜变量的影响、模型中的六个潜变量路径系数、残差、三个潜变量相关系数均无显著性的差异。模型的民族效应结果表明，汉族与其他民族群体之间信任行为意向（$\eta 1$）和情感行为意向（$\eta 2$）之间相互都有效应，但是效应值有差别，汉族群体前者对后者的效应值绝对值表现为大，而其他民族则表现为后者对前者的效应值绝对值大。但是在不同民族的信任关系态度方程模型结构中，各个因素之间的路径系数大小不同，即因素之间的影响大小不一样。对信任行为意向（$\eta 1$）影响的路径系数进行分析，汉族除了信任认知度（$\xi 1$）与情感行为意向（$\eta 2$）的路径系数外，其他影响因素：学习情感关系（$\xi 2$）、情感认知度（$\xi 4$）的路径系数都大于女性信任关系态度方程模型中对应的路径系数。对于情感行为意向（$\eta 2$）的影响的路径系数则不同，汉族在情感认知度（$\xi 4$）和学习情感关系（$\xi 2$）的路径系数上小于其他民族，其他路径系数均大于其他民族群体模型结构对应的路径系数。最明显的特征是无论是对信任行为意向（$\eta 1$）还是对情感行为意向（$\eta 2$）的影响，汉族群体的学习情感关系（$\xi 2$）路径系数都小于其他民族群体。

　　不同居住地来源的考研群体之间对信任关系态度结构方程模型的数据拟合情形相当良好。通过嵌套模型对比，来自农村、县城和城市的考研学生群体在测量模型系数（因素负荷量）上有显著差异。利用"参数配对"来考察个别变量，在农村、县城和城市群体之间，信任关系态度结构方程模型中的 14 个测量变量中有 2 个变量不显著，即在"家是最温暖的地方"和"人与人之间应当相互信任"的回答上，不同居住地的学生群体的差异较大，其他 12 个测量变量对六个潜变量的影响、模型中的六个潜变量路径系数、残差、三个潜变量相关系数均无显著性的差异。模型的不同居住地效应结果表明，在农村、县城和城市群体之间，信任行为意向（$\eta 1$）和情感行为意向（$\eta 2$）之间相互都有效应，而且后者对前者的效应值绝对值大于前者对后者的效应值。但是在不同居住地的信任关系态度方程模型结构中，各个因素之间的路径系数大小不同，即因素之间的影响大小不一样。就对信任行为意向（$\eta 1$）影响的路径系数来看，来自城市学生群体除了情感认知度（$\xi 4$）的路径系数外，其他影响因素：学习情感关系（$\xi 2$）、信任认知度（$\xi 1$）与情感行为意向（$\eta 2$）的路径系数都大于来自农村或乡镇群体信任关系态度方程模型中对应的路径系数。对于情感行为意向（$\eta 2$）的影响的路径系数则不同，来自城市群体的所有路径系数均大于来自农村或乡镇群体模型结构对应的路径系数。

　　来自不同层次院校的考研群体之间对信任关系态度结构方程模型的数据拟合情形相当良好。通过嵌套模型对比，来自不同层次院校的考研学生群体在测量模型系数（因素负荷量）上有显著差异。利用"参数配对"来考察个别变量，在不同层次院校群体之间，信任关系态度结构方程模型中的 14 个测量变量对六个潜变量的影响、模型中的六个潜变量路径系数、三个潜变量相关系数均无显著性的差异，但是在"信任认知度"和"情感认知度"这两个潜变量的残差以及"信任认知度"与"学习情感关系"之间是协方差上有显著性差异。模型的不同层次院校效应结果表明，在不同层次院校群体之间，信任行为意向（$\eta 1$）和情感行为意向（$\eta 2$）之间相互都有效应，而且后者对前者的效应值绝对值大于前者对后者的效应值。但是在不同居住地的信任关系态度方程模型结构中，各个因素之间的路径系数大小不同，即因素之间的影响大小不一样。就对信任行为意向（$\eta 1$）影响的路径系数来看，来自重点一本院校的考研学生群体除了学习情感关系（$\xi 2$）与情感行为意向（$\eta 2$）的路径系数外，其他影响因素：信任认知度（$\xi 1$）、情感认知度（$\xi 4$）的路径系数都小于来自二本或三本院校群体在信任关系态度方程模型中对应的路径系数。对于情感行为意向（$\eta 2$）的影响的路径系数则不同，来自重点一本院校的考研学生群体在学习情感关系（$\xi 2$）的路径系数上大于其他学校群体，其他路径系数均小于来自二本或三本院校群体模型结构对应的路径系数。最明显的特征是无论是对信任行为意向（$\eta 1$）还是对情感行为意向（$\eta 2$）的影响，来自重点一本院校的考研学生群体的学习情感关系（$\xi 2$）路径系数都大于来自二本或三本院校群体的系数。

来自不同政治面貌的考研群体之间对信任关系态度结构方程模型的数据拟合情形相当良好。通过嵌套模型对比，来自不同层次院校的考研学生群体在测量模型系数（因素负荷量）上没有显著差异。利用"参数配对"来考察个别变量，在不同政治面貌群体之间，信任关系态度结构方程模型中的 14 个测量变量对六个潜变量的影响、模型中的六个潜变量路径系数、三个潜变量相关系数均无显著性的差异，但是残差及在 Q40e_1 与 Q28_1 两个测量变量之间协方差上有显著性差异。模型的不同政治面貌群体效应结果表明，在不同政治面貌群体之间，信任行为意向（$\eta 1$）和情感行为意向（$\eta 2$）之间相互都有效应，而且后者对前者的效应值绝对值大于前者对后者的效应值。但是在不同政治面貌群体的信任关系态度方程模型结构中，各个因素之间的路径系数大小不同，即因素之间的影响大小不一样。对信任行为意向（$\eta 1$）影响的路径系数进行分析，党员考研学生群体在所有路径系数上都小于团员群体在信任关系态度方程模型中对应的路径系数。对于情感行为意向（$\eta 2$）的影响的路径系数则不同，来自党员考研学生群体在信任认知度（$\xi 1$）的路径系数上大于团员群体，其他路径系数均小于团员群体模型结构对应的路径系数。

第七章　信任关系态度结构方程模型与行为关系研究

本章探讨信任关系态度方程模型结构与行为之间的关系，分析信任关系态度方程模型各因素与行为之间的关系，以了解对情感和信任的主客观因素如何影响对特定事件的参与行为。

研究方法与前述研究的研究程序和统计分析相同。本研究的问卷中包含对行为情况的测量，主要是通过对考研学生对汶川大地震典型事件的选择行为的考察来实现，问卷设置的行为选项为多选题，在题项设置的时候考虑到事件的特点，设置多种可能出现的行为，选择方法为非参数随机选择（具体问卷选项见附录）。

第一节　行为的类别分析

为了确定对汶川大地震典型事件的行为类别，对问卷中的行为选项进行因素分析。按照以下标准剔除问卷中不合适的题项：

（1）项目负荷值：根据因素分析的理论，项目负荷值显示的是该题项与某公共因素的相关，项目的负荷值越大，说明该题项与公共因素的关系越密切，若某公共因素与项目之间的相关性很低，则说明该因素所反映的心理特质无法由此题项推知。

（2）共同度：在保证某特定公因素上负荷值大的前提下，题项的共同度反映观测题项对公因素的贡献，事实上它是各题项效度系数的估计值。本研究设定将因素负荷值小于 0.30 和共同度小于 0.40 的题项删除。

根据以上标准对题项进行筛选，剔除 2 个题项，剩余的题项构成汶川
大地震典型事件行为问卷。

删除题项后，对剩下的题项进行因素分析。先进行主成分分析，提取
共同因素求得因素初始负荷矩阵，再用正交旋转求得旋转因素负荷矩阵。
依据因素的特征值大于 1 和碎石检验的标准确定因素数目。因素分析结果
见表 7-1。

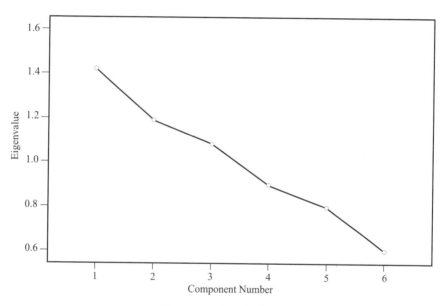

图 7-1　因素分析碎石图

表 7-1　行为问卷的因素分析结果

因素	题目	特征根	累积贡献率	因素负荷
因素一	寻求社会与政府的帮助	1.405	23.416	0.542
	通过写文章、提建议等方式			0.656
因素二	私下议论，发牢骚	1.185	43.173	0.689
	立即冲上去制止			0.583
因素三	寻求亲友帮助解决	1.112	61.704	0.646
	加入他们行列或参与行动			0.586

因子分析共提取特征值大于 1 的因子三个，通过图 7-1 可以明显看出第三个因子是特征值分布的急剧转折点，可以作为提取因子数目的依据。提取三个因子可以解释全部变异的 61.70，最高负荷为 0.689，最低负荷为 0.542。根据研究设想和因素负荷情况，可以将因素一命名为"外向理智倾向行为"，简称 AA，主要涉及通过合理的社会渠道来解决问题；将因素二命名为"个人冲动倾向行为"，简称 BB，主要涉及对问题的忍让、发牢骚或自我安慰等，这种行为方式很难真正解决问题；将因素三命名"内向情感倾向行为"，简称 CC，主要涉及通过亲朋好友或者个人自己的努力来解决问题，这种行为同样无助于问题的解决。

第二节　信任关系态度结构方程模型与行为的关系

一、信任关系态度结构方程模型与外向理智倾向行为（AA）

根据理论分析，信任关系态度结构方程模型与行为之间的关系可以从多个方面进行分析。根据本研究的实际，对信任关系态度结构方程模型与行为之间的关系从两个角度进行分析：一是哪些行为与信任关系态度结构方程模型有关，二是哪些信任关系态度结构方程模型能预测行为。这两个角度其实是一个问题的两个方面，故可以采用一种统计方法进行分析。

1. 模型的探索和验证

为确定信任关系态度结构方程模型与个人积极行为的关系，以外向理智倾向行为为因变量，以信任关系态度结构方程模型各元素为自变量来进行结构化分析。使用 AMOS 分析，设定一个非递归模型，假设信任关系态度结构方程模型结构中主客观因素对行为都有直接影响，而情感和信任关系各因素之间的关系采用前研究所确定的结构。

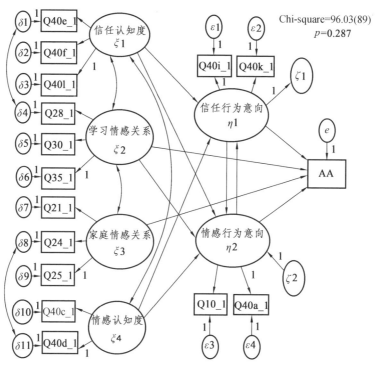

图 7-2　信任关系态度结构方程模型与外向理智倾向行为的结构模式

说明：Q40e_1——人与人之间应当相互信任；Q40f_1——人与人之间的信任是可以做到的；Q40l_1——信任别人会得到好的回报；Q40i_1——在家靠父母，出外靠朋友；Q40k_1——与人打交道还是谨慎点好；Q28_1——与同学关系；Q30_1——喜欢参加学校或班级开展活动；Q35_1——重视学习环境中的人际关系；Q21_1——家是最温暖的地方；Q24_1——与父亲的关系；Q25_1——与母亲的关系；Q10_1——对情感的态度；Q40a_1——人离不开爱情、亲情、友情这些情感的支持；Q40c_1——应当尊重情感生活的隐私性；Q40d_1——个人的情感是完全自由的

表 7-2　信任关系态度结构方程模型与外向理智倾向行为的回归效应

	Estimate	S.E.	C.R.	p
信任行为意向	0.085	0.108	0.794	0.427
情感行为意向	0.155	0.157	0.986	0.324
学习情感关系	-0.849	0.343	-2.475	0.013
家庭情感关系	0.048	0.145	0.332	0.740

从图 7-2 和表 7-2 中可以发现,信任行为意向和情感行为意向对外向理

智倾向行为没有直接效应，家庭情感关系对外向理智倾向行为的预测作用也不显著，只有学习情感关系对外向理智倾向行为的预测作用是显著的。当前模型是探索对外向理智倾向行为的预测关系，所依据的情感与信任关系结构是基于前研究的结果，所以情感与信任关系结构因素间的关系不再修正。

2. 模型验证：boot-stoop 检验

对修正过的模型进行样本内 boot-stoop 检验，所获得的 200 个样本全部有解，Bollen-Stine Bootstrap 检验结果为 $p=0.458$，检验卡方估计的平均值为 95.912，S. e.为 1.229，其分布见下图 7-3。

```
                                  |--------------------
                  50.412          |*
                  57.313          |*
                  64.215          |**
                  71.116          |*******
                  78.017          |*************
                  84.918          |**************
                  91.820          |*********************
N = 200           98.721          |*************
Mean = 95.912    105.622          |****************
S. e. = 1.229    112.523          |********
                 119.425          |*****
                 126.326          |***
                 133.227          |**
                 140.128          |**
                 147.029          |*
                                  |--------------------
```

图 7-3　boot-stoop 检验结构图

对图 7-2 模型再次进行路径分析，按照第五章的程序对修正过的模型进行跨样本的交叉效度检验，所获拟合指数见表 7-3。

表 7-3　信任关系态度结构方程模型与外向理智倾向行为关系的模型拟合指数

拟合指数	卡方值（df）	CFI	NFI	TLI	RMSEA	AIC	GFI	AGFI
模型值	96.03（89）	0.988	0.861	0.983	0.014	190.03	0.970	0.955
交叉验证	98.33（89）	0.970	0.774	0.960	0.023	192.33	0.943	0.913

从这些检验的结果来看，信任关系态度结构方程模型与外向理智倾向行为之间的结构关系是可以接受的。

3. 模型的特点

表 7-4　信任关系态度结构方程模型与外向理智倾向行为的效应分解

	信任认知度（ξ1）	家庭情感关系（ξ3）	学习情感关系（ξ2）	情感认知度（ξ4）	情感行为意向（η2）	信任行为意向（η1）
总效应	-0.022	0.023	-0.217**	0.062	0.069	-0.022
直接效应	0.000	0.023	-0.262	0.000	0.090	0.049
间接效应	-0.022	0.000	0.046	0.062	-0.021	-0.072

分析表 7-4 结果显示，学习情感关系（ξ2）、家庭情感关系（ξ3）、情感行为意向（η2）和信任行为意向（η1）四个因素与外向理智倾向行为都有直接的相关，其中学习情感关系（ξ2）的直接效应、家庭情感关系（ξ3）的直接效应最小。而学习情感关系（ξ2）对外向理智倾向行为的路径系数为负值，表明个人越重视学习生活中的情感关系，在事件的处理中越偏向外向理智倾向行为。家庭情感关系（ξ3）、情感行为意向（η2）和信任行为意向（η1）与外向理智倾向行为之间的路径系数均为正值，表明在对待特定事件时，情感越强烈，个人信任度越高，外向理智倾向行为出现的可能性就越大。

信任认知度（ξ1）与情感认知度（ξ4）对内向情感倾向行为也有效应，不过效应是通过中介因素产生的。信任认知度（ξ1）是通过信任行为意向（η1）产生对外向理智倾向行为的影响，而且效应值为负值；情感认知度（ξ4）是通过情感行为意向（η2）对外向理智倾向行为的影响，而且效应值为正值。

二、信任关系态度结构方程模型与个人冲动倾向行为（BB）

1. 模型的探索和验证

以个人冲动倾向行为为因变量，以信任关系态度结构方程模型结构各元素为自变量来进行分析。设定一个非递归模型，假设信任关系态度结构方程模型各因素对行为都有直接影响，而情感和信任关系各因素之间的关系采用前研究所确定的结构。

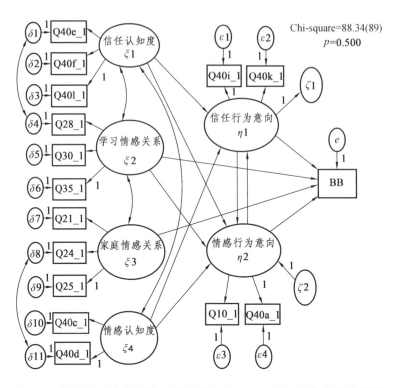

图 7-4　信任关系态度结构方程模型与个人冲动倾向行为的结构模型

说明：Q40e_1——人与人之间应当相互信任；Q40f_1——人与人之间的信任是可以做到的；Q40l_1——信任别人会得到好的回报；Q40i_1——在家靠父母，出外靠朋友；Q40k_1——与人打交道还是谨慎点好；Q28_1——与同学关系；Q30_1——喜欢参加学校或班级开展活动；Q35_1——重视学习环境中的人际关系；Q21_1——家是最温暖的地方；Q24_1——与父亲的关系；Q25_1——与母亲的关系；Q10_1——对情感的态度；Q40a_1——人离不开爱情、亲情、友情这些情感的支持；Q40c_1——应当尊重情感生活的隐私性；Q40d_1——个人的情感是完全自由的

表 7-5　信任关系态度结构方程模型与个人冲动倾向行为的回归效应

	Estimate	S.E.	C.R.	p
信任行为意向	−0.226	0.102	−2.205	0.027
情感行为意向	−0.121	0.151	−0.802	0.423
学习情感关系	0.555	0.310	1.789	0.074
家庭情感关系	−0.098	0.144	−0.681	0.496

从图 7-4 和表 7-5 中可以发现，信任行为意向和情感行为意向对个人冲动倾向行为没有直接效应，家庭情感关系对个人冲动倾向行为的预测作用也不显著，只有学习情感关系对个人冲动倾向行为的预测作用是显著的。当前模型是探索对个人冲动倾向行为的预测关系，所依据的信任关系态度结构方程模型结构是基于前研究的结果，所以信任关系态度结构方程模型结构因素间的关系不再修正。

2. 模型验证：boot-stoop 检验

对修正过的模型进行样本内 boot-stoop 检验，所获得的 200 个样本全部有解，Bollen-Stine Bootstrap 检验结果为 $p=0.642$，检验卡方估计的平均值为 96.756，S. e.为 1.216，其分布见图 7-5：

```
                                    |--------------------
                 55.869             |*
                 62.591             |*
                 69.313             |****
                 76.035             |********
                 82.756             |****************
                 89.478            |*****************
                 96.200             |*************
N = 200         102.921            |*************
Mean = 96.756   109.643            |************
S. e. = 1.216   116.365            |*****
                123.086            |*****
                129.808            |**
                136.530            |*
                143.251            |*
                149.973            |**
                                    |--------------------
```

图 7-5　Bootstrap Distributions（Default model）

对图 7-4 模型再次进行路径分析，对修正过的模型进行跨样本的交叉效度检验拟合指数见表 7-6：

表 7-6　信任关系态度结构方程模型与个人冲动倾向行为关系的模型拟合指数

拟合指数	卡方值（df）	CFI	NFI	TLI	RMSEA	AIC	GFI	AGFI
模型值	88.34（89）	1.000	0.871	1.002	0.000	182.34	0.972	0.958
交叉验证	95.47（89）	0.980	0.783	0.973	0.019	189.47	0.945	0.916

从这些检验的结果来看，信任关系态度结构方程模型与个人冲动倾向行为之间的模型拟合指数很好，结构关系是完全可以接受的。

3. 模型的特点

表 7-7　信任关系态度结构方程模型与个人冲动倾向行为的效应分解

	信任认知度（$\xi 1$）	家庭情感关系（$\xi 3$）	学习情感关系（$\xi 2$）	情感认知度（$\xi 4$）	情感行为意向（$\eta 2$）	信任行为意向（$\eta 1$）
总效应	0.077	-0.047	0.114	-0.119	-0.111	-0.048
直接效应	0.000	-0.047	0.179	0.000	-0.071	-0.142
间接效应	0.077	0.000	-0.065	-0.119	-0.039	0.094

分析表 7-7 结果显示，学习情感关系（$\xi 2$）、家庭情感关系（$\xi 3$）、情感行为意向（$\eta 2$）和信任行为意向（$\eta 1$）四个因素与个人冲动倾向行为都有直接的相关，其中学习情感关系（$\xi 2$）的直接效应为正值，家庭情感关系（$\xi 3$）的直接效应为负值。而学习情感关系（$\xi 2$）对外向个人冲动倾向行为的路径系数为正值，表明个人越重视学习生活中的情感关系，在事件的处理中越偏离个人冲动倾向行为。家庭情感关系（$\xi 3$）、情感行为意向（$\eta 2$）和信任行为意向（$\eta 1$）与外向理智倾向行为之间的路径系数均为负值，表明在对待特定事件时，情感越强烈，个人信任度越高，个人冲动倾向行为出现的可能性就越小。

信任认知度（$\xi 1$）与情感认知度（$\xi 4$）对内向情感倾向行为也有效应，不过效应是通过中介因素产生的。信任认知度（$\xi 1$）是通过信任行为意向（$\eta 1$）产生对个人冲动倾向行为的影响，而且效应值为正值；情感认知度（$\xi 4$）是通过情感行为意向（$\eta 2$）对个人冲动倾向行为的影响，而且效应值为负值。

三、信任关系态度结构方程模型与内向情感倾向行为（CC）

1. 模型的探索和验证

以内向情感倾向行为为因变量，以信任关系态度结构方程模型各元素为自变量来进行分析。设定一个非递归模型，假设信任关系态度结构方程模型结构各因素对行为都有直接影响，而信任关系态度结构方程模型各因素之间的关系采用前研究所确定的结构。

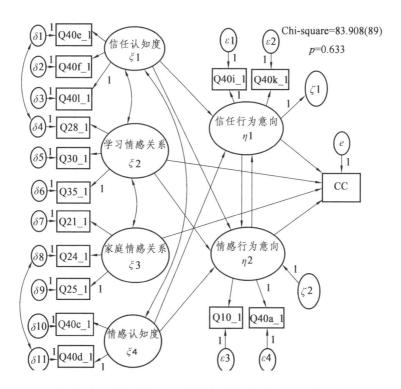

图 7-6　信任关系态度结构方程模型与内向情感倾向行为的结构模式

说明：Q40e_1——人与人之间应当相互信任；Q40f_1——人与人之间的信任是可以做到的；Q40l_1——信任别人会得到好的回报；Q40i_1——在家靠父母，出外靠朋友；Q40k_1——与人打交道还是谨慎点好；Q28_1——与同学关系；Q30_1——喜欢参加学校或班级开展活动；Q35_1——重视学习环境中的人际关系；Q21_1——家是最温暖的地方；Q24_1——与父亲的关系；Q25_1——与母亲的关系；Q10_1——对情感的态度；Q40a_1——人离不开爱情、亲情、友情这些情感的支持；Q40c_1——应当尊重情感生活的隐私性；Q40d_1——个人的情感是完全自由的

表 7-8　信任关系态度结构方程模型与内向情感倾向行为的回归效应

	Estimate	S.E.	C.R.	p
信任行为意向	-0.096	0.104	-0.919	0.358
情感行为意向	0.031	0.152	0.204	0.838
学习情感关系	-0.261	0.293	-0.889	0.374
家庭情感关系	-0.118	0.143	-0.827	0.408

从图 7-6 和表 7-8 中可以发现,家庭情感关系和学习情感关系对内向情感倾向行为没有直接效应,信任行为意向和情感行为意向对内向情感倾向行为的预测作用也不显著。当前模型是探索对内向情感倾向行为的预测关系,所依据的信任关系态度结构方程模型结构是基于前研究的结果,所以信任关系态度结构方程模型结构因素间的关系不再修正。

2. 模型验证：boot-stoop 检验

对修正过的模型进行样本内 boot-stoop 检验,所获得的 200 个样本全部有解,Bollen-Stine Bootstrap 检验结果为 p=0.711,检验卡方估计的平均值为 93.682,S.e.为 1.102,其分布见图 7-7：

```
                              |--------------------
                  64.997      |**
                  70.707      |*******
                  76.417      |**********
                  82.128      |**************
                  87.838      |***************
                  93.548      |*************
                  99.258      |*************
N = 200           104.968     |************
Mean = 93.682     110.679     |*******
S. e. = 1.102     116.389     |*****
                  122.099     |*
                  127.809     |**
                  133.519     |**
                  139.230     |
                  144.940     |*
                              |--------------------
```

图 7-7　Bootstrap Distributions（Default model）

按照第五章的程序对修正过的模型进行跨样本的交叉效度检验，所获拟合指数见表 7-9：

表 7-9　信任关系态度结构方程模型与内向情感倾向行为关系的模型拟合指数

拟合指数	卡方值（df）	CFI	NFI	TLI	RMSEA	AIC	GFI	AGFI
模型值	83.91（89）	1.000	0.875	1.012	0.000	177.91	0.974	0.960
交叉验证	94.72（89）	0.982	0.780	0.975	0.018	188.72	0.945	0.916

从检验的结果来看，信任关系态度结构方程模型与内向情感倾向行为之间的模型拟合指数很好，信任关系态度结构方程模型行为结构关系是完全可以接受的。

2. 模型的特点

表 7-10　信任关系态度结构方程模型与内向情感倾向行为的效应分解

	信任认知度（ξ_1）	家庭情感关系（ξ_3）	学习情感关系（ξ_2）	情感认知度（ξ_4）	情感行为意向（η_2）	信任行为意向（η_1）
总效应	0.039	-0.057	-0.098	-0.037	-0.017	-0.039
直接效应	0.000	-0.057	-0.087	0.000	0.018	-0.056
间接效应	0.039	0.000	-0.011	-0.037	-0.035	0.017

分析表 7-10 结果显示，学习情感关系（ξ_2）、家庭情感关系（ξ_3）、情感行为意向（η_2）和信任行为意向（η_1）四个因素与内向情感倾向行为都有直接的相关性，其中学习情感关系（ξ_2）的直接效应最大，情感行为意向（η_2）的直接效应最小。而情感行为意向（η_2）对外向内向情感倾向行为的路径系数为正值，表明个人行为越情感化，在事件的处理中越偏离内向情感倾向行为。学习情感关系（ξ_2）、家庭情感关系（ξ_3）和信任行为意向（η_1）与内向情感倾向行为之间的路径系数均为负值，表明在遇到特定事件时，越注重情感客观状况，个人信任度越高，内向情感倾向行为出现的可能性就越小。

信任认知度（ξ_1）与情感认知度（ξ_4）对内向情感倾向行为也有效应，

不过效应是通过中介因素产生的。信任认知度（$\xi 1$）是通过信任行为意向（$\eta 1$）产生对内向情感倾向行为的影响，而且效应值为正值；情感认知度（$\xi 4$）是通过情感行为意向（$\eta 2$）对内向情感倾向行为的影响，而且效应值为负值。

第三节　小　结

一、模型验证分析

通过实证分析，对行为的考察可以分为三个类型："外向理智倾向行为"，简称 AA；"个人冲动倾向行为"，简称 BB；"内向情感倾向行为"，简称 CC。

信任关系态度结构方程模型各个因素对不同行为类型的影响是不一样的。信任关系态度结构方程模型六因素都有效应，不过有的因素对行为的效应是通过中介因素产生的。

信任行为意向与外向理智倾向行为的关系是正向的，与个人冲动倾向行为以及内向情感倾向行为的关系是负向的。说明信任行为意向越明显，个人的理智倾向行为就越多，而个人的个人冲动倾向行为以及内向情感倾向行为就越少。从各种行为类型的内容上可以看出，虽然把行为类型划分为三类，但事实上个人冲动倾向行为所包含的内容是"私下议论，发牢骚"等，是一种不解决问题的行为方式，其余二类都着眼于问题的解决。也就是说，在面对突然发生的大地震面前，人们的情感被救灾的事件调动起来，看到一些负面的现象发生的时候，个人的信任度越高，越可能理智地采取一定的行动参与解决问题；个人的信任度越低，越倾向于不采取行动，而是退避或回避对问题的解决。

情感行为意向与外向理智倾向行为和内向情感倾向行为的关系是正向的，与个人冲动倾向行为的关系是负向的。说明情感行为意向越明显，个人的理智倾向行为和内向行为就越多，而个人的个人冲动倾向行为就越少。在突然发生的大地震面前，人们的情感被救灾的事件调动起来，看到一些负面的现象发生的时候，个人的情感状态越高，越可能通过寻求亲友帮助的方式采取一定的行动参与解决问题；个人的情感倾向越低，越倾向于不采取行动，而是采取个人冲动行为的退避或回避对问题的解决。

家庭情感关系与外向理智倾向行为的关系是正向的，与个人冲动倾向行为以及内向情感倾向行为的关系是负向的。说明越重视家庭情感关系，个人的理智倾向行为就越多，而个人的个人冲动行为以及内向情感行为就越少。学习情感关系与个人冲动倾向行为的关系是正向的，与外向理智倾向行为以及内向情感倾向行为的关系是负向的。说明越重视学习情感关系，个人的个人冲动行为就越多，而个人的理智行为以及内向情感行为就越少。

在面对突然发生的大地震面前，学生的情感很容易受救灾事件的影响而激动，如果看到一些负面现象发生的时候，个人的情感状态越高，越可能激起正义感，越可能通过冲动的方式参与解决问题；个人的情感越内向，越倾向于不采取行动，而是采取退避或回避对问题的解决。

信任行为意向、情感行为意向、家庭情感关系和学习情感关系对三种行为类型均有直接效应，信任认知度和情感主观状态虽然对行为有作用，但对任何行为都没有直接效应，它们是通过信任行为意向或情感行为意向来影响行为。根据费希本和艾赞的合理行动模型（Ajzen，1991，1996；Ajzen&Fishbein，1980），直接决定行动的是行为的意向。因此信任认知度和情感主观状态不可能产生直接效应，它们不是决定行为的特征，而是通过其他一些因素间接的作用于行为。

信任关系态度结构方程模型结构各个因素确实能够影响行为，但对具体的行为方式而言，各因素的作用大小以及作用方向都不一样。

二、实证结论

信任行为意向对所有的行为方式都有预测作用，而且直接效应值是负值，但是对外向理智倾向行为的直接效应值是正值，对其他行为的直接效应值是负值。

情感行为意向虽然对所有的行为方式都有预测作用，而且都有直接效应。但是对外向理智倾向行为和内向情感倾向行为的作用是正值，对个人冲动倾向行为的关系是负值。

家庭情感关系对所有因素都有预测作用，而且都有直接效应。但是对外向理智倾向行为的作用是正值，对个人冲动倾向行为和内向情感倾向行为的关系是负值。

学习情感关系对所有因素都有预测作用，而且既有直接效应又有间接效应。但是对个人冲动倾向行为的作用是正值，对外向理智倾向行为和内向情感倾向行为的关系是负值。

信任认知度和情感主观状态对所有的行为方式都有作用，但都是通过其他因素作为中介起作用。信任认知度对个人冲动倾向行为和内向情感倾向行为的作用是正值，对外向理智倾向行为的关系是负值；情感主观状态正相反，对外向理智倾向行为的关系是正值，对个人冲动倾向行为和内向情感倾向行为的作用是负值。

第八章　总结与讨论

本书在综合考察和评述国内外情感社会学研究状况和研究成果的基础上，结合当代社会学发展的趋势，围绕"情感与信任关系"这一核心论点进行了认真的思考和研究。从微观社会学情感研究的前沿成果中得出了社会学情感分析范式，确认了情感在信任研究中所扮演的重要角色，着重探讨了从情感角度解释信任行为的可能性和必要性，并尝试建构了信任关系态度结构方程模型，进一步运用实证研究方法对模型进行了验证。作为本研究的收尾部分，笔者在总结前文论述的基础上，对情感与信任关系研究实践做一个简要的讨论。

第一节　研究问题总结

第一，通过对信任的考察，我们发现信任是一个存在悖论的概念，信任这个概念永远处于非理性（情感）—理性的这个两级系统的某一个位置上。我们构建了信任关系的结构模型，信任关系所形成的空间被称为"创造性空间"，由微观环境（P）、宏观环境（E）和信任关系内容（N）三部分组成。基于这一思路，我们从社会关系的视角出发，具体考察了信任达成过程中存在的创造性空间及其填补手段，这一创造性空间，一方面是个体行动者能动性的运作场所，另一方面也是社会关系多样化产生的源泉。对创造性空间中各种制度性和非制度性填充手段的具体关注，也将帮助我们进一步理解社会运作的内在机理。这是我们对信任的本体性反思贯彻于社会学研究的尝试，也是重新建构日常生活原貌的努力。

第二，在有关中国人的信任研究中，信任实证研究发现了中国人信任态度与信任行为的不一致或不对称现象。之所以存在这种现象，我们认为主要是由于信任的复杂样态决定的。信任态度与信任行为之间存在一种比较复杂的关系，特别是容易受测量与研究方法的影响而被扭曲。从我们构造的创造性空间可以看出，信任行为（BT）是一个多元函数：BT=f（P，E，N），信任态度转变成信任行为，要受到多种主观、客观因素的影响，这些影响包括微观环境（P）、宏观环境（E）和信任关系内容（N）等。信任态度其实不可能直接支配或主宰信任行为，因为信任态度只是影响信任行为众多因素中的一种，因此，我们认为研究信任的重点应该是关注信任行为。研究信任行为发生的起因、过程和结果，总之把信任行为作为因变量来研究。我们把信任定义为是人们在相互交往过程中产生合作的情感互动过程，信任关系通常表现为面对不确定性时的一种社会行为。

第三，我们首先对情感的含义进行回顾，重点比较了情绪心理学与社会学不同的情感研究视角，区分了情感态度与情感行为的关系，借用马贝尔·布雷津的情感社会行动理论来解释情感与信任事件之间的路径分析，并通过各个不同的路径来划分出情感与信任关系研究的学科界限。依据本研究的主题，我们认为，情感是与信任既相互作用又有区别的，情感首先是一种生理状态，先于感觉信任的发生，同时情感又是人类天性的组成部分，它们之间的关系不可分离，相互作用、相互制约，因此，我们把情感定义为是人际交往的心理活动过程和心理动机力量，是构成信任关系态度模型的三要素之一，它在信任认知和行为意向的共同作用下决定人们的行动。

第四，我们在全面考察和借鉴心理学态度行为理论以及情绪心理学态度构成三要素的研究成果的基础上，建构了信任关系态度结构方程模型与行为关系的微观模型。信任态度是指信任主体对信任这一行为或现象的相对稳定、内部制约化的、评价性持久的心理反应倾向，信任关系态度结构方程模型由信任认知、情感和行为意向构成。

第五，结构方程模型（简称 SEM）作为多元数据分析的重要工具，广泛应用于经济学、心理学、社会学、管理学等领域的研究。由于其可以同时处理多个原因、多个结果的关系，以及遇到不可直接观测的变量（潜变量）时有卓越的表现，弥补了传统统计方法的不足。情感与信任作为本研究的对象是不能直接测量的，必须通过量表的某些变量来反映，属于潜在变量。情感与信任之间的关系就等同于潜变量与潜变量之间的关系，因此需要借助于结构方程模型方法来实现。

第六，本研究显示信任关系态度结构方程模型结构包括六个主要因素，分别是情感认知度、信任认知度、学习情感关系、家庭情感关系、信任行为意向和情感行为意向。各个因素之间存在着直接的或间接的相互关系。从信任关系态度结构方程模型结构图可以看出，信任认知度和情感认知度对信任行为意向有直接的影响作用，学习情感关系、家庭情感关系和情感认知度对情感行为意向有直接的影响作用，信任行为意向和情感行为意向之间有相互影响作用。

第二节　主要结论

通过对信任关系态度结构方程模型与行为的关系的研究，我们得出下述几方面的结论：

第一，通过分析情感与信任研究的现状，开发出情感与信任关系的测量问卷。运用探索性因素分析和验证性因素分析，揭示出情感因素的四个维度，分别命名为情感认知度、学习情感关系、家庭情感关系、情感行为意向，以及信任因素的两个维度，分别命名为信任认知度和信任行为意向，并对量表的信度和效度进行了验证。

第二，建构了信任关系态度结构方程模型。利用问卷调查收集的数据对该模型进行了检验、评价、修正和解释，最后确定了与数据最吻合的分析模型。一方面证实了情感因素在信任关系结构模型中的不可或缺性，同时为下一步对态度—行为关系的分析奠定了基础。

第三，对问卷的分析，表明问卷的效度良好。然后通过探索和验证得到了信任关系态度结构方程模型的合理结构模型。在信任关系态度结构方程模型中包含六个潜变量因素，即信任认知度、学习情感关系、家庭情感关系、情感认知度、信任行为意向和情感行为意向。信任认知度对信任行为意向有直接效应，对情感行为意向没有直接效应，情感认知度对情感行为意向和信任行为意向都有直接效应，学习情感关系对情感行为意向有直接效应，对信任行为意向没有直接效应，是以情感行为意向为中介的间接效应；家庭情感关系对情感行为意向没有直接效应，这些都验证了本研究给出的假设。

第四，在对信任关系态度结构方程模型的人口统计学分析中，我们选取了考研学生群体的性别特点、民族特点、居住地特点、学校层次特点、政治面貌特点五个方面进行了群体比较。

从研究结果可以看出，不同性别考研群体之间对信任关系态度结构方程模型的数据拟合情形相当良好。表明男性和女性两组群体在测量模型系数（因素负荷量）上无显著差异。模型的性别效应结果表明，男性和女性之间信任行为意向和情感行为意向之间相互都有效应，而且后者对前者的效应值的绝对值大于前者对后者的效应值；不同民族考研群体之间对信任关系态度结构方程模型的数据拟合情形相当良好。通过嵌套模型对比，汉族与其他民族群体在测量模型系数（因素负荷量）上有显著差异。模型的民族效应结果表明，汉族与其他民族群体之间信任行为意向和情感行为意向之间相互都有效应，但是效应值有差别，汉族群体前者对后者的效应值绝对值表现为大，而其他民族则表现为后者对前者的效应值绝对值大；不同居住地来源的考研群体之间对信任关系态度结构方程模型的数据拟合情形相当良好。通过嵌套模型对比，来自农村、县城和城市的考研学生群体在测量模型系数（因素负荷量）上有显著差异。模型的不同居住地效应结果表明，在农村、县城和城市群体之间，信任行为意向（$\eta1$）和情感行为意向（$\eta2$）之间相互都有效应，而且后者对前者的效应值绝对值大于前者对后者的效应值；来自不同层次院校的考研群体之间对信任关系态度结构方程模型的数据拟合情形相当良好。通过嵌套模型对比，来自不同层次院校的考研学生群体在测量模型系数（因素负荷量）上有显著差异。模型的不同层次院校效应结果表明，在不同层次院校群体之间，信任行为意向（$\eta1$）和情感行为意向（$\eta2$）之间相互都有效应，而且后者对前者的效应值绝对值大于前者对后者的效应值；来自不同政治面貌的考研群体之间对信任关系态度结构方程模型的数据拟合情形相当良好。通过嵌套模型对比，来自不同层次院校的考研学生群体在测量模型系数（因素负荷量）上没有显著差异。模型的不同政治面貌群体效应结果表明，在不同政治面貌群体之间，信任行为意向（$\eta 1$）和情感行为意向（$\eta 2$）之间相互都有效应，而且后者对前者的效应值绝对值大于前者对后者的效应值。

第五，在信任关系态度结构方程模型与行为之间的关系研究中，通过实证分析，行为分为三个类型：外向理智倾向行为、个人冲动倾向行为、内向情感倾向行为。信任关系态度结构方程模型结构模型各个因素对行为三类型的影响为：

（1）信任行为意向对所有的行为方式都有预测作用，而且直接效应值为负值，但是对外向理智倾向行为的直接效应值是正值，对其他行为的直接效应值为负值。

（2）情感行为意向虽然对所有的行为方式都有预测作用，而且都有直接效应，但是对外向理智倾向行为和内向情感倾向行为的作用是正值，对个人冲动倾向行为的关系是负值。

（3）家庭情感关系对所有因素都有预测作用，而且都有直接效应，但是对外向理智倾向行为的作用是正值，对个人冲动倾向行为和内向情感倾向行为的关系是负值。

（4）学习情感关系对所有因素都有预测作用，而且既有直接效应又有间接效应，但是对个人冲动倾向行为的作用是正值，对外向理智倾向行为和内向情感倾向行为的关系是负值。

（5）信任认知度和情感主观状态对所有的行为方式都有作用，但都是通过其他因素作为中介起作用。信任认知度对个人冲动倾向行为和内向情感倾向行为的作用是正值，对外向理智倾向行为的关系是负值；情感主观状态正相反，对外向理智倾向行为关系是正值，对个人冲动倾向行为和内向情感倾向行为的作用是负值 。

第三节　主要创新点

本研究的主要创新点有三个方面：

第一，本书提出了信任的情感分析的新视角。随着情感研究逐渐从边缘走向分析中心，情感社会学已成为社会学微观水平研究的前沿。对情感动力机制的研究成果为我们走出信任研究的困境提供了新的分析角度，以往的研究大多从信任认知的角度出发来解释理性信任现象或信任理性行为，把情感作为参照变量，以至于忽视了情感的重要性。本书着重从情感出发来展开对信任行为的研究，该领域目前尚无人涉足，因而"情感"视角本身可称得上是本书的一大创新点。

第二，结构方程模型（SEM）在国内的应用尚不够广泛，尤其在社会学领域中。SEM涵盖当前主要的几种多元统计分析方法，如证实性因子分析、二阶因子分析、多元回归、通径分析、方差分析和协方差分析、计量经济模型等。由于情感与信任的复杂性在研究中常常不能被直接测量，要确定情感或信任的度量都需要通过量表的某些变量来反映的，而且测量的指标受到太多不可控因素的影响，因此情感因素与信任因素属于潜在变量。以往的分析中，情感因素与信任因素都是以整体的概念作为研究的对象，未能揭示情感与信任二者之间的相互效应；而选择结构方程模型不仅能揭示情感与信任二者之间的相互效应，且参数估计时可以同时考虑测量误差，把有意义的效应与误差分离开来，提高了研究的准确性。

第三，通过分析情感与信任研究的现状，开发出信任关系态度结构方程模型的测量问卷，由信任认知度、学习情感关系、家庭情感关系、情感认知度、信任行为意向和情感行为意向六个维度构成。通过实证分析发现，它们对行为均有显著的预测作用，尤其是信任行为意向和情感行为意向预测力更强。

第四节 研究中存在的不足与进一步研究
要解决的问题

一、研究中存在的主要不足

第一，对信任以及情感因素的界定由于流派较多，学界并未形成统一的定义，本研究更多的是从实际主题的需要中来界定，虽与一些传统文化的定义方式略有不同，但仍需进一步完善。

第二，本研究采用结构方程模型的方法来分析情感与信任的关系，问卷调查的是横断面数据，即正在进行的动态过程的一个瞬象数据，未来的研究应该关注纵向观察，即有时间顺序的重复测量，研究目的是探讨同一研究对象在不同时间点上情感与信任关系的变化情况。

第三，研究中的一些量表，包括对情感认知度和信任认知度等均采用了主观评定的方法，因而在准确性和客观性上存在着一定的不足，这会对相关研究的可靠性产生影响。

第四，本研究因客观原因未能做到十分全面的抽样调查，因此样本的代表性不是特别理性，样本自身的局限性也将影响本次研究结论的进一步推广。

二、 进一步研究要解决的问题

第一，进一步扩大研究样本的取样范围，甚至把研究对象从考研学生群体扩大到整个社会群体，可以跨地区、跨行业、跨规模地对情感与信任进行深入研究，以便提高结论的概括力和说明力。

第二，深入研究情感与信任之间的关系问题，利用本研究开发的测量工具进行跨时间的测量，进一步深入探讨影响情感与信任关系的各种因素状况，提高分析的有效方法。

第三，扩大对结构方程模型等统计方法在社会学领域的应用。随着当前社会学注重生物—心理—社会模式的研究，常常要研究影响人们的社会交往、心理因素，甚至人的精神状况。因此，SEM 在社会统计资料分析中虽然起着重要作用，但是 SEM 方法究竟适合哪些对象仍需进一步探讨。

三、 对 SEM 研究方法的再讨论

把 SEM 应用于社会学或者社会心理学领域，与传统的统计分析方法相比较，它具有如下优点：

（1）引入潜在变量使研究更为深入、有效。在社会科学研究中，许多指标的概念比较模糊，使用单一指标测量易于产生概念上的偏性。特别在

社会心理学研究领域，要获得较为准确的心理度量指标，需要利用多个量表进行测量，对于本研究涉及的情感变量，如何从中提取出潜在的本质的支配因素，SEM 是较好的方法，有助于提高研究的准确性。此外，潜在变量的引入解决了多元回归分析中自变量的多重共线性问题。当因变量受影响面较广、自变量之间存在相互依赖关系时，利用多元回归分析所得到的结果就有可能出现无法解释的现象，如所得结果与常理不符等问题。而 SEM 首先将相互依赖、相关性较强的指标进行因子的提取，形成一个比较独立的因素而纳入分析，弥补了多元回归分析的不足。SEM 在参数估计时可以同时考虑测量误差，把有意义的效应与误差分离开来，提高了研究的准确性。

（2）发展了通径分析的优势，应用通径图使变量间复杂关系一目了然，又克服了通径分析的基本假定太多、无法包括潜在变量、不能处理因果关系等缺点。另外，通径分析采用通常的 ULS 方法（非加权最小二乘法）对各个方程分别进行估计，而 SEM 可以根据数据类型有多种参数估计方法（常用极大似然估计方法），并且是将模型中所有参数同时进行估计的，因此更准确、合理。

（3）应用的范围更加广泛。SEM 涵盖当前主要的几种多元统计分析方法，如证实性因子分析、二阶因子分析、多元回归、通径分析、方差分析和协方差分析、计量经济模型等。由于传统的多元回归分析要求自变量呈多元正态分布，所以在实际应用中受到限制，特别是在心理、行为等社会科学的研究工作中，研究的对象是人，测量的指标受到太多不可控因素的影响，所得资料的分布不一定具有正态性。而 SEM 利用多序列相关系数矩阵对数据进行拟合时具有较好的稳健性。

尽管 SEM 具有许多优越性，但也有其局限性和不足之处：

（1）潜在变量的解释具有模糊性和随意性。在方程中引入潜在变量本来是 SEM 的优点，可以解决过去运用单一变量测量的不足，然而该测量是否真正反映了潜在变量，或者说可观测变量与潜在变量是否对应一致，还值得探讨。

（2）对于相同的数据，可能存在多个数理上满意的模型，选择最佳模型存在一定的主观任意性，这既是 SEM 的优点也是其缺点之一。因此，在使用 SEM 时，特别强调专业知识与数理知识的紧密结合。

（3）它要求样本量较大，且拟合指数易受样本量制约。拟合指数之间不一致时如何处理，在什么条件下用哪些指数更合适等问题还有待进一步解决。如果没有深入理解 SEM 的理论基础和应用条件，很容易产生滥用与错误解释的现象。因此，在应用 SEM 时，应该注意如下若干问题：

① 研究者要有一个完善的专业理论框架。如果专业理论不完善甚至错误，那么再好的方法，再好的模型也难以发挥实际作用。

② 选择相关矩阵还是协方差矩阵来拟合模型。如果是有序及离散变量，可使用 PRELIS 得到多项相关系数，然后用该矩阵来拟合模型；如果既有有序变量，又有数值变量，此时可利用 PRELIS 得到多项相关及多序列相关系数；若都是数值变量，原则上提倡用协方差矩阵来拟合。实践工作中，研究者可以同时用相关矩阵和协方差矩阵来拟合，然后根据结果的好坏来选择。当然应该尽可能地把数据转换成正态变量。

③ 模型的修改及选取。统计学上一个好的模型应该是：各项拟合指数都比较满意；待估参数的 t 检验均有统计学意义。在模型拟合的过程中，需要不断地修改，但应遵循：a. 先修改度测量模型部分，后修改模型的结构部分。在模型的输出结果中，每个指示变量都有一个决定系数。如该系数较小，如小于 0.1，即使其因子负荷的 t 检验具有统计学意义也可以考虑去掉该变量。因为它可能更多的是受其他因素的影响，而并非能较好地表征对应的潜在变量；b. 应先删去 t 值太小的参数。在全部参数的 t 值都可接受的情形下，再根据修正指数（MI）的大小去增加参数。

④ 研究结论不能绝对化。虽然 SEM 在对因果关系的检验上有较传统方法的优势，但由于研究者无法将所有可能的影响因素都纳入研究范围，因此 SEM 所得的结论并不全面。

参考文献

一、中文部分

（一）著作类

[1] 斯梅尔瑟，斯威德伯格. 经济社会学手册[M]. 罗教讲，等，译. 2 版. 北京：华夏出版社，2009.

[2] 李捷理. 社会学[M]. 北京：中国人民大学出版社，2007.

[3] 科尔曼. 社会理论的基础[M]. 北京：社会科学文献出版社，1990.

[4] 吉登斯. 现代性的自我认同[M]. 北京：生活·读书·新知三联书店，1998.

[5] 郭景萍. 情感社会学：理论、历史、现实[M]. 上海：上海三联书店，2008.

[6] 杨岚. 人类情感论[M]. 天津：百花文艺出版社，2002.

[7] 普劳斯. 决策与判断[M]. 施俊琦，王星，译. 北京：人民邮电出版社，2004.

[8] 孟昭兰. 情绪心理学[M]. 北京：大学出版社，2005.

[9] 林南. 社会资本[M]. 上海：上海人民出版社，2005.

[10] 特纳，斯戴兹. 情感社会学[M]. 孙俊才，文军，译. 上海：上海人民出版社，2007.

[11] 尹继佐，恩德勒. 信任与生意：障碍与桥梁[M]. 上海：上海社会科学院出版社，2003.

[12] 王良主. 社会诚信论[M]. 北京：中共中央党校出版社，2003.

[13] 什托姆普卡. 信任：一种社会学理论[M]. 北京：中华书局，2005.

[14] 尤斯拉纳. 信任的道德基础[M]. 张敦敏，译. 北京：中国社会科学

出版社，2007.

[15] 斯密德. 制度与行为经济学[M]. 北京：中国人民大学出版社，2004.

[16] 史华罗. 中国历史中的情感文化——对明清文献的跨学科文本研究[M]. 林舒俐，等，译. 北京：商务印书馆，2009.

[17] 罗家德，叶勇助. 中国人的信任游戏[M]. 北京：社会科学文献出版社，2007.

[18] 黄光国. 中国人的权力游戏[M]. 台北：巨流图书公司，1988.

[19] 克雷默，泰勒. 组织中的信任[M]. 北京：中国城市出版社，2003.

[20] 郑也夫. 信任：合作关系的建立与破坏[M]. 北京：中国城市出版社，2003.

[21] 郑也夫，彭泗清. 中国社会中的信任[M]. 北京：中国城市出版社，2003.

[22] 郑也夫. 信任论[M]. 北京：中国广播电视出版社，2006.

[23] 蒙培元. 情感与理性[M]. 北京：中国社会科学出版社，2002.

[24] 布迪厄. 实践与反思[M]. 北京：中央编译出版社，2004.

[25] 特纳. 社会学理论的兴起[M]. 天津：天津人民出版社，2006.

[26] 特纳. 社会学理论的结构[M]. 邱泽奇，译. 7 版. 北京：华夏出版社，2006.

[27] 易宪容. 交易行为与合约选择[M]. 北京：经济科学出版社，1998.

[28] 张淮迎. 产权、政府与信誉[M]. 北京：生活·读书·新知三联书店，2001.

[29] 巴伯. 信任：信任的逻辑与局限[M]. 年斌，李红，范瑞平，译. 福州：福建人民出版社，1989.

[30] 张缨. 信任、契约及其规则——转型期中国企业间信任关系及结构重组研究[M]. 北京：经济管理出版社，2004.

[31] 尹继佐，恩德勒. 信任与生意：障碍与桥梁[M]. 上海：上海社会科学院出版社，2003.

[32] 佩雷菲特. 信任社会——论发展之缘起[M]. 北京：商务印书馆，2005.

[33] 卢曼. 信任：一个社会复杂性的简化机制[M]. 上海：上海人民出版社，2005.

[34] 斯托曼. 情绪心理学[M]. 张燕云，译. 沈阳：辽宁人民出版社，1986.

[35] 福山. 信任：社会美德与创造经济繁荣[M]. 海口：海南出版社，2001.

[36] 韦伯. 儒教与道教[M]. 北京：商务印书馆，1995.

[37] 凡勃伦. 有闲阶级论[M]. 北京：商务印书馆，1964.

[38] 诺思. 制度、制度变迁与经济绩效[M]. 上海：上海三联书店，1994.

[39] 科斯，诺斯，威廉姆森. 制度、契约与组织——从新制度经济学角度的透视[M]. 北京：经济科学出版社，2003.

[40] 康芒斯. 制度经济学[M]. 北京：商务印书馆，1983.

[41] 柯武刚，史漫飞. 制度经济学——社会秩序与公共政策[M]. 北京：商务印书馆，2002.

[42] 魏钧. 组织契合与认同研究中国传统文化对现代组织的影响[M]. 北京：北京大学出版社，2008.

[43] 齐美尔. 货币哲学[M]. 北京：华夏出版社，2002.

[44] 道金斯. 自私的基因[M]. 长春：吉林人民出版社，1998.

[45] 吉登斯. 社会的构成[M]. 北京：生活·读书·新知三联书店，1998.

[46] 吉登斯. 现代性与自我认同[M]. 北京：生活·读书·新知三联书店，1998.

[47] 周雪光. 组织社会学十讲[M]. 北京：社会科学文献出版社，2003.

[48] 迪尔凯姆. 社会学方法的准则[M]. 北京：商务印书馆，2002.

[49] 韦伯. 经济与社会[M]. 北京：商务印书馆，1998.

[50] 威廉姆森. 资本主义经济制度——论企业签约与市场签约[M]. 北京：商务印书馆，2002.

[51] 吉登斯. 现代性的后果[M]. 上海：译林出版社，2000.

[52] 布迪厄. 实践与反思[M]. 北京：中央编译出版社，2004.

[53] 尹继佐，恩德勒. 信任与生意：障碍与桥梁[M]. 上海：上海社会科学院出版社，2003.

[54] 亚历山大. 社会学二十讲：二战以来的理论发展[M]. 贾春增，等，译. 北京：华夏出版社，2000.

[55] 丹森. 情感论[M]. 沈阳：辽宁人民出版社，1989.

[56] 库利. 人类本性与社会秩序[M]. 包凡一，等，译. 北京：华夏出版

社，1999.

[57] 赵鼎新. 社会与政治运动讲义[M]. 北京：社会科学文献出版社，2006.

[58] 勒庞. 乌合之众——大众心理研究[M]. 冯克利，译. 北京：中央编译出版社，2005.

[59] 波普诺. 社会学[M]. 李强，等，译. 北京：中国人民大学出版社，1999.

[60] 西蒙. 西蒙选集[M]. 黄涛，译. 北京：首都经济贸易大学出版社，2002.

[61] 杨善华. 当代西方社会学理论[M]. 北京：北京大学出版社，2005.

[62] 谢立中. 西方社会学名著选读[M]. 南昌：江西人民出版社，1999.

[63] 刘少杰. 经济社会学的新视野——理性选择与感性选择[M]. 北京：社会科学文献出版社，2005.

[64] 金迪斯. 走向统一的社会科学——来自桑塔费学派的看法[M]. 上海：上海人民出版社，2005.

[65] 艾克斯罗德. 合作的进化[M]. 吴坚忠，译. 上海：上海人民出版社，1996.

[66] 沃特斯. 现代社会学理论[M]. 杨善华，等，译. 北京：华夏出版社，2000.

[67] 莫里斯，缪勒. 社会运动理论的前沿领域[M]. 刘能，译. 北京：北京大学出版社，2002.

[68] 布劳. 社会生活中的交换与权力[M]. 孙非，张黎勤，译. 北京：华夏出版社，1988.

[69] 哈贝马斯. 交往与社会进化[M]. 重庆：重庆出版社，1989.

[70] 哈贝马斯. 交往行动理论[M]. 重庆：重庆出版社，1994.

[71] 哈耶克. 通往奴役之路[M]. 王明毅，等，译. 北京：中国社会科学出版社，1997.

[72] 斯托曼. 情绪心理学[M]. 张燕云，译. 沈阳：辽宁人民出版社，1987.

[73] 霍夫兰. 社会心理学[M]. 广州：广东教育出版社，1988.

[74] 时蓉华. 社会心理学[M]. 上海：华东师范大学出版社，2006.

[75] 沙莲香. 社会心理学[M]. 2版. 北京：中国人民大学出版社，2006.

[76] 侯玉波. 社会心理学[M]. 2版. 北京：北京大学出版社，2007.

[77] 迈尔斯. 社会心理学[M]. 北京：人民邮电出版社，2006.

[78] 金盛华. 社会心理学[M]. 北京：高等教育出版社，2005.

[79] 李建明. 社会心理学[M]. 北京：人民卫生出版社，2007.

[80] 郭志刚. 社会统计分析方法——SPSS软件应用[M]. 北京：中国人民大学出版社，1999.

[81] 侯杰泰，温忠麟，成子娟. 结构方程模型及其应用[M]. 北京：教育科学出版社，2004.

[82] 黄芳铭. 结构方程模式：理论与应用[M]. 北京：中国税务出版社，2005.

[83] 李建宁. 结构方程模型导论[M]. 合肥：安徽大学出版社，2004.

[84] 荣太生. AMOS与研究方法[M]. 重庆：重庆大学出版社，2009.

[85] 翟学伟. 中国人行动的逻辑[M]. 北京：社会科学文献出版社，2001.

[86] 帕累托. 普通社会学纲要[M]. 田时刚，译. 北京：生活・读书・新知三联书店，2000.

（二）期刊类

[1] 彭泗清. 信任的建立机制：关系运作与法律手段[J]. 社会学研究，1999（2）.

[2] 童士清. 社会信任结构论[J]. 社会学研究，1999（6）.

[3] 王飞雪，山岸俊男. 信任的中、日、美比较研究[J]. 社会学研究，1999（2）.

[4] 杨中芳，彭泗清. 中国人人际信任的概念化：一个人际关系的观点[J]. 社会学研究，1999（2）.

[5] 王宁. 略论情感的社会方式——情感社会学研究笔记[J]. 社会学研究，2000（4）.

[6] 郭景萍. 情商——社会学研究的新视野[J]. 学术研究，2001（3）.

[7] 郑也夫. 信任与社会秩序[J]. 学术界，2001（4）.

[8] 李伟民，梁玉成. 特殊信任与普遍信任：中国人信任的结构与特征[J]. 社会学研究，2002（3）.

[9] 王绍光，刘欣. 信任的基础：一种理性的解释[J]. 社会学研究，2002（3）.

[10] 薛天山. 人际信任与制度信任[J]. 青年研究，2002（6）.

[11] 张维迎，柯荣住. 信任及其解释来自中国的跨省调查分析[J]. 经济研究，2002（10）.

[12] 郭景萍. 情感控制的社会学研究初探[J]. 社会学研究，2003（4）.

[13] 郭景萍. 舍勒：道德建构中的情感研究[J]. 学术交流，2003（9）.

[14] 冯仕致. 我们当前的信任危机和社会安全[J]. 中国人民大学学报，2004（2）.

[15] 郭景萍. 埃利亚斯：文明发展进程中的情感研究[J]. 湘潭大学学报（哲学社会科学版），2004（5）.

[16] 郭景萍. 库利：符号互动论视野中的情感研究[J]. 求索，2004（4）.

[17] 郭景萍. 西美尔：文化视野中的情感研究[J]. 学术探索，2004（10）.

[18] 郭景萍. 消费文化视野中的社会分层[J]. 学术论坛，2004（1）.

[19] 淡卫军. 情感，商业势力入侵的新对象——评霍赫希尔德《情感整饰：人类情感的商业化》一书[J]. 社会，2005（2）.

[20] 郭景萍. 吉登斯民主视野中的情感研究[J]. 学术论坛，2005（2）.

[21] 郭景萍. 探视情感社会化与情感社会问题[J]. 长白学刊，2005（2）.

[22] 潘泽泉. 理论范式和现代性议题：一个情感社会学的分析框架[J]. 湖南师范大学社会科学学报，2005（7）.

[23] 王鹏，侯均生. 情感社会学：研究的现状与趋势[J]. 社会科学报，2005（4）.

[24] 张贯一，达庆利. 信任问题研究综述[J]. 经济学动态，2005（1）.

[25] 崔海英，王秉青. 关于非正式组织研究的情感社会学理论解析[J]. 学术交流，2006（3）.

[26] 郭景萍. 集体行动的情感逻辑[J]. 河北学刊，2006（2）.

[27] 郭景萍. 曼海姆：社会重建时代的理性与非理性研究[J]. 学术交流，2006（2）.

[28] 郭景萍. 帕雷托：非逻辑行动中的情感研究[J]. 佛山科学技术学院学报，2006（9）.

[29] 郭景萍. 情感是如何制度化的[J]. 社会科学，2006（4）.

[30] 郭景萍. 社会合理性与社会合情性[J]. 学术交流，2006（10）.

[31] 郭景萍. 社会学浪漫主义探视[J]. 社会，2006（1）.

[32] 郭景萍. 涂尔干：整合社会的集体情感研究[J]. 学术论坛，2006（3）.

[33] 郭景萍. 孔德：社会秩序视野中的情感研究[J]. 湖南师范大学学报，2007（1）.

[34] 郭景萍. 情感的互动特质：交换、沟通与平等[J]. 江汉论坛，2007（9）.

[35] 郭景萍. 情感社会学三题三议[J]. 学术论坛，2007（6）.

[36] 郭景萍. 试析作为"主观社会现实"的情感：一种社会学的新阐释[J]. 社会科学研究，2007（3）.

[37] 郭景萍. 西方情感社会学理论的发展脉络[J]. 社会，2007（5）.

[38] 王俊秀，杨宜音，陈午晴. 2006中国社会心态调查报告[J]. 社会科学报，2007（28）.

[39] 胡宜朝，雷明. 信任的研究方法综述[J]. 山西财经大学学报，2005（6）.

[40] 张静. 信任问题[J]. 社会学研究，1998（3）.

[41] 高俊峰. 体验经济——从行为经济学视角的分析[J]. 商场现代化，2008（5）.

[42] 梁克. 社会关系多样化实现的创造性空间——对信任问题的社会学思考[J]. 社会学研究，2002（3）.

[43] 王鹏，林聚任. 情感能量的理想化分析——试论柯林斯的"互动仪式市场模型"[J]. 山东大学学报，2006（1）.

[44] 姜广东. 信任研究：理论演进[J]. 财经问题研究，2004（10）.

[45] 闫健. 当代西方信任研究若干热点问题综述[J]. 当代世纪与社会主义，2006（4）.

[46] 岳肰，田海平. 信任研究的学术理路[J]. 南京社会科学，2004（6）.

（三）学位论文

[1] 赵玉芳. 持续性社会事件认知的初步研究——西部大开发的社会认知研究[D]. 重庆：西南师范大学，2004.

［2］白春阳. 现代社会信任问题研究[D]. 北京：中国人民大学，2006.

［3］董才生. 社会信任的基础：一种制度的解释[D]. 吉林：吉林大学，2004.

［4］夏丽娜. 情感·结构·行动——上海 Z 镇的文革口述史个案研究[D]. 上海：上海大学，2008.

［5］李喆. 信任问题的经济学分析及中国转型期信任现状的阐释[D]. 兰州：西北大学，2006.

［6］孙永平. 信任问题的经济学研究——以经济社会转型中的中国为例[D]. 武汉：武汉大学，2005.

［7］党彩萍. 以结构方程模型探讨一般智力的结构[D]. 南京：南京师范大学，2006.

［8］许碧云. 结构方程模型在医学研究中的应用[D]. 成都：四川大学，2004.

二、外文部分

［1］Turner J H. On the Origins of Human Emotions:A Sociological Inquiry into the Evolution of Human Affect[M]. California: Stanford University Press, 2000.

［2］Miszta B. Trust in Modern Societies:The Search for the bases of social order[M]. Cambridge: Polity Press, 1996.

［3］Burt R S. Structural Holes[M]. Cambridge:Harvard University Press,1992.

［4］Markovsky B N, Lawler E J. A New Theory of Group Solidarity[M]// Advances in Group Processes. 1994（11）: 113-138.

［5］Rothstein B. Social traps and the problem of trust[M]. Cambridge: Cambridge University Press, 2005.

［6］Turner J H, Stets J E. The sociology of emotions[M]. New York: Cambridge University Press, 2005.

［7］Seligman A. The Problem of Trust[M]. Princeton University Press, 1997.

［8］Gunnarson C. Cultural warfare and trust :fighting the mafia in Palermo[M]. Manchester: Manchester University Press, 2008.

［9］Goldie P. The emotions: a philosophical exploration[M]. New York:

Oxford University Press, 2002.

[10] Collins R. Interaction Ritual Chains[M]. Princeton: Princeton University Press, 2004.

[11] Collins R. The Sociology of Philosophies[M]. Harvard University Press, 1998.

[12] Scheff T J. Microsociology:Discourse,Emotion and Social Structure[M]. Chicago: University of Chicago Press, 1990.

[13] Collins R. Conflict Sociology :Toward an Explanatory Social Science[M]. New York :Academic, 1975.

[14] Gerth H , Mills C W. Character and Social Structure[M]. Boston: Beacon Press, 1953.

[15] Gordon S L. The Sociology of Sentiments and Emotion[M]//Rosenberg M, Turner R H. Social Psychology: Sociological Perspectives. NewYork: BasicBooks, 1981.

[16] Kemper D. A Social Interactional Theory of Emotions[M]. New York: Wiley,1978.

[17] Hollis M. Trust Withen Reason[M]. Cambridge University Press, 1998.

[18] Uslaner E M. The Moral Foundation of Trust[M]. Cambridge University Press, 2002.

[19] Collins R. Conflict Sociology:Stratification,Emotional Energy and the Transient Emotion[J]. Albany:State University of New York Press.

[20] Koniordos S M. Networks,trust and social capital: theoretical and empirical investigations from Europe[M]. Aldershot: Ashgate, 2004.

[21] Bachmann R, Zahee A. Handbook of trust research[M]. Cheltenham: Edward Elgar, 2006.

[22] Gambetta. Trust:making and breaking cooperative relations[M]. Oxford: Basil Blackwell Ltd, 1988.

[23] Kornai J, Rose-Ackerman S. Building a trustworthy state in post-socialist transition[J]. Slavic Review, 2007（2）.

[24] Guiso L, Sapienza P. Social capital as good culture[M].London:Centre for

Economic Policy Research, 2008.

[25] Evetts J, International Sociological Association. Trust and professionalism in knowledge societies[M]. London:SAGE Publications, 2006.

[26] Franklin J, Families & Social Capital ESRC Research Group. Politics, trust and networks: social capital in critical perspectives[M]. London: London South Bank University, 2004.

[27] Turner J H, Stets J E. Qing gan she hui xue[M]. Beijing: Shanghai ren min chu ban, 2007.

[28] Cecilia L, Ridgeway Status in Groups:The Importance of Emotion[J]. New York: American Sociological Review, 1982.

[29] Turner J H. The Evolution of Emotions: A Darwinian Durkheimian Analysis[J]. Journal for the Theory of Social Behavior, 1996（26）.

[30] Hochschild A R. Emotion Work, Feeling Rules, and Social Structure[J]. New York: American Journal of sociology, 1979: 85.

[31] Sussan Shott. Emotion and Social Life: A Symbolic Interactionist Analysis[J]. New York: American Journal of sociology, 1979: 84.

[32] Lewicki R J, Mcallister D J, Bies R J. Trust and Distrust:New Relationships and Realities[J]. Academy of Management Review, 1998: 23（3）: 438-458.

[33] Shapiro S P. The Social Control in Inpersonal Trust[J]. American Journal of Sociology, 1987: 93: 623-658.

[34] Sitkin S B, Roth N L. Explaining the Limited Effectiveness of Legalistic 'remedis' for Trust / Distrust[J]. Organization Science, 1993(4): 367-392.

[35] Deutsch M. Trust and Society[J]. Journal of Conflict Resolution, 1958(2): 265-279.

[36] Wulff H. The emotions: a cultural reader[M]. Oxford, New York: Berg, 2007.

[37] Green O H. The Emotions: a philosophical theory. Dordrecht[M]. Boston, Kluwer, 1992.

[38] Harré R, Parrott W G. The emotions: social, cultural and biological dimensions[M]. London, California: Sage Publications, 1996.

[39] Bain A. The emotions and the will[M]. Washington: University Publications of America, 1977.

[40] Goffman E. The Presentation of Self in Everyday Life[M]. New York: Doubleday, 1959.

附录 1

情感与信任关系的问卷调查

Q1　您的性别是：

　　1. □男　　　　　2. □女

Q2　您的年龄：

　　1. □18 岁以下　　2. □18-25 岁

　　3. □26-30 岁　　　4. □30-40 岁或以上

Q3　你现在的状况属于 ：

　　1. □在校生　　　　2. □已经毕业

Q4　你在读或毕业的学校属于 ：

　　1. □一本或重点院校

　　2. □二本或三本院校

　　3. □大专或同等学力

Q5　您的学历是（包括在读）：

　　1. □高中以下　　　2. □专科

　　3. □本科　　　　　4. □研究生

Q6　您现在的政治面貌是

　　1. □中共党员　　　2. □共青团员

　　3. □民主党派　　　4. □普通群众

　　5. □其他（请说明）＿＿＿＿＿＿＿＿＿＿

Q7　您的民族属于

1. □汉族　　　　　　　　2. □其他民族

Q8　你求学前的居住地是：

　　1. □农村

　　2. □县城或乡镇所在地

　　3. □市级城市

Q9　在以下各种对个性特征的描述中，请在符合您的情况下面打钩：

	完全 不符合	不符合	一般	比较符合	非常符合
独立	□	□	□	□	□
有同情心	□	□	□	□	□
自信	□	□	□	□	□
热情	□	□	□	□	□
热心助人	□	□	□	□	□
对人信任	□	□	□	□	□
有正义感	□	□	□	□	□
强烈的竞争意识	□	□	□	□	□
富于冒险精神	□	□	□	□	□
讲朋友义气	□	□	□	□	□
讲人情面子	□	□	□	□	□
聪明才智	□	□	□	□	□
说话算数	□	□	□	□	□

一、情感价值

Q10　您对情感的态度是：

　　1. □很重视　　　2. □重视　　　3. □说不清

　　4. □不重视　　　5. □根本不重视

Q11　在下列感情中，您最看重的是（限选一项）：

　　1. □爱情　　　2. □亲情　　　3. □友情　　　4. □说不清

Q12　您是否关心汶川大地震这件事？

　　1.□十分关心　　　　2.□比较关心　　　　3.□不清楚

　　4.□不很关心　　　　5.□不关心

Q13　汶川地震救灾现场的感人场景常使我们在电视荧屏前泪流满面、激动不已。然而在灾区仍有种种不和谐音出现，如：发布虚假捐款短信诈骗钱财，甚至哄抢救灾物资等行为。对于这类现象的发生，你心里有什么感受？

　　1.□非常愤怒　　　　2.□有点儿气愤　　　　3.□无所谓

　　4.□事实就是这样，不接受不行

　　5.□见的多了一点儿也不奇怪

Q14　如果你在现场看到当时的情况，你会怎么办？（可多选）

　　1.□寻求政府与社会解决

　　2.□忍受，什么也不做

　　3.□无所谓，事不关己，高高挂起

　　4.□私下议论，发牢骚

　　5.□通过写文章、提建议等方式参与解决

　　6.□立即冲上去制止

　　7.□寻求亲友帮助解决

　　8.□加入他们行列或参与行动

Q15　您的情感观念通常受哪些因素影响（可多选）：

　　1.□家庭　　　　　　2.□学校老师

　　3.□同学或室友　　　4.□大众媒体

　　5.□社会规范（法律、道德等）

　　6.□其他（请注明）＿＿＿＿＿＿＿＿＿＿

Q16　在下列需求中。您最看中的是（限选一项）：

　　1.□生理需求（衣食住行）　　　　2.□交往需求

　　3.□情感需求　　　　　　　　　　4.□事业需求

　　5.□其他（请注明）

Q17　生活的未来是充满希望的。您同意吗？

　　1.□非常同意　　　　2.□同意　　　　3.□说不清

　　4.□不同意　　　　5.□完全不同

Q18 您出门在外会不会主动跟陌生人谈话？

    1. □会   2. □不会   3. □视情况而定

Q19 休闲时您最喜欢和谁在一起（可多选）

    1. □家人   2. □朋友   3. □陌生人

    4. □自己独处   5. □和谁在一起无所谓

Q20 通常您会采取以下哪种途径来发泄情绪和缓解压力？

    1. □找朋友或家人倾诉

    2. □找心理医生   3. □发脾气   4. □做运动

    5. □喝酒   6. □听音乐   7. □上网玩游戏

    8. □其他（请注明）_____

三、家庭情感关系

Q21 家是最温暖的地方：

    1. □非常同意   2. □同意   3. □说不清

    4. □不同意   5. □完全不同意

Q22 您在家庭中是否可以任意发脾气？

    1. □可以   2. □不可以

    3. □有时可以，有时不可以

Q23 您是否向您的父母亲口头上表示过爱他们的感情吗？

    1. □没有过   2. □有过   3. □有过五次以上

Q24 您与父亲的关系怎样？

    1. □非常好   2. □比较好   3. □一般

    4. □不太好   5. □很不好

Q25 您与母亲的关系怎样？

    1. □非常好   2. □比较好   3. □一般

    4. □不太好   5. □很不好

Q26 您每月与父母大概交谈几次？（包括通讯联系）

　　1. □0 次　　　　　　2. □1-3 次　　　　　　3. □4-6 次

　　4. □7-9 次　　　　　5. □10 次以上

Q27 与父母的交流大多是您主动的吗？

　　1. □是　　　　　　　2. □不是

四、学习环境情感关系

Q28 您与同学关系如何？

　　1. □亲密无间　　　　2. □客客气气　　　　3. □时好时坏

　　4. □不太说话·　　　5. □如同水火

Q29 您在寝室与别人发生过争吵吗？

　　1. □发生过　　　　　2. □从没有发生过

Q30 如果您所在的学校或班级开展活动，您喜欢参加吗？

　　1. □非常喜欢　　　　2. □喜欢　　　　　　3. □不清楚

　　4. □不太喜欢　　　　5. □不喜欢

Q31 您认为学习是一种乐趣吗？

　　1. □非常同意　　　　2. □同意　　　　　　3. □说不清

　　4. □不同意　　　　　5. □完全不同意

Q32 您觉得学习中的压力：

　　1. □很大　　　　　　2. □较大　　　　　　3. □一般

　　4. □较小　　　　　　5. □很小

Q33 您在学校会故意隐藏自己的真实情感吗？

　　1. □会　　　　　　　2. □不会

Q34 只求自己做好，不要去嫉妒别人。您认为这能够做得到吗？

　　1. □能够做到　　　　2. □难以做到　　　　3. □做不到

Q35 您重视学习环境中的人际关系吗？

　　1. □非常重视　　　　2. □比较重视　　　　3. □一般

　　4. □不太重视　　　　5. □很不重视

Q36 您喜欢看反映情感的电视节目吗？

1.□非常喜欢　　　2.□比较喜欢　　　3.□一般

4.□不喜欢　　　5.□很不喜欢

五、闲暇场所的情感状况

Q38　您是否经常都感觉不愉快？

1.□是　　　2.□否

Q39　人们在家里或私人场所没有必要控制自己的情感，您同意这种看法吗？

1.□非常同意　　　2.□同意　　　3.□说不清

4.□不同意　　　5.□完全不同意

Q40　请对下列说法表示您的看法。

	1 完全 同意	2 比较 同意	3 无所谓	4 不太 同意	5 完全 不同意
a.人没有爱情、亲情、友情这些情感的支持就不能活下去	□	□	□	□	□
b. 人与人之间越相互信任越好	□	□	□	□	□
c. 应当尊重情感生活的隐私性	□	□	□	□	□
d. 个人的情感是完全自由的	□	□	□	□	□
e. 人与人之间应当相互信任	□	□	□	□	□
f. 人与人之间的信任是可以做到的	□	□	□	□	□
g. 人与人之间的情感交往应当建立在利益交换的基础上	□	□	□	□	□
h. 男人是理性的，女人是感性的	□	□	□	□	□
i. 在家靠父母，出外靠朋友	□	□	□	□	□
j. 害人之心不可有,防人之心不可无	□	□	□	□	□
k. 与人打交道还是谨慎一点好	□	□	□	□	□
l. 信任别人会得到好的回报	□	□	□	□	□
m. 信任别人很容易上当受骗	□	□	□	□	□

附录 2

图目录

附录 3

表目录

后　记

　　本书是在我的博士论文基础上修改而成的。我对信任问题的关注与研究始于读博期间，导师罗教讲教授在其藏书数万册的武汉大学社会心理研究所内展示其收集最全的有关信任的各学科著作，并要求我们全部精读。大量的阅读促使我下决心认真研究信任问题。同时，我有幸参与导师罗教讲主译的译著《经济社会学手册（第二版）》的章节翻译及校对，该书由斯梅尔瑟、斯威德伯格主编，2009年华夏出版社出版。读博不只是读书学习，罗老师还亲自带领我们做课题研究，南下惠州，西去恩施利川等地做社会调查。无论是学业上还是学术上，导师孜孜不倦地教诲我，引领我慢慢上路。工作二十年后继而读博的我，博士论文一路写来从来没有离开过导师罗教讲教授的指点和教诲，我对导师的感激难以用语言言表。

　　感谢武汉大学社会学系几年来对我的培养。感谢周长城教授、朱炳祥教授、桂胜教授、向德平教授，他们精彩的专业课程让我受益匪浅，前沿的研究方法极大提升我对社会学研究的兴趣。感谢傅剑波老师、余园老师给予我的种种帮助！

　　感谢曾经与我相处融洽、常常欢聚的同学们，我博士阶段的学习和生活离不开王大胜、徐莉、刘益梅、毛冷蕊、崔应令、阙祥才、张建国等同学的帮助和支持。感谢大家在我遭逢困境时给予我的关切和鼓励。

　　感谢江汉大学教学督导与评估中心和高教所的领导和同事，感谢肖引所长、刘义副主任、储著斌、张云霞、丁亚金、张影、彭丽萍、董华容、李静和熊艳芳。没有你们的鼓励和指点，我的这本著作无法顺利出版。

　　感谢徐蕾，是她不断的鞭策和鼓励使我坚持下来。博士毕业后我们结婚，现在已经育有两位聪明漂亮的奇缘姊妹花：姐姐游龙泫和妹妹游佛润。感谢我的大女儿游韬莉，在我读博士期间发奋努力成功考上大连的大学，现在已经研究生毕业，结婚生子，家庭幸福。

最后要感谢我的父母，父亲母亲永远是对我们付出最多而最不求回报的。我的父亲已是耄耋之年，母亲也已古稀之年，他们不忘关心我论文的进度和状况，几乎每周都打电话询问。前几年，父亲正撰写个人回忆录，眼睛因高龄而昏花，必须戴老花镜，这些给写作带来极大的麻烦。父亲仍然坚持一边查阅自己所做的历史记载，一边专心致志地手写，仅仅用一年时间完成了十万字的回忆录《喜事回眸》。父亲坚韧不拔的毅力以及不辞辛劳投身写作的热情，永远是我学习的榜样。于我而言，父亲对我的读博的关注，让我体味和沉醉的是父子间那种亲密的交流和深情的关怀。

感谢所有关心、帮助过我的人！

游泓

2018 年 7 月